EDIÇÕES BESTBOLSO

Curso completo de tarô

"O que vence pela verdade e pureza" é o significado do nome espiritual Nei Naiff, adotado por Claudinei dos Santos, um dos melhores instrutores brasileiros na área holística. Nascido em Jundiaí (SP), em 1958, Nei é conferencista internacional, tarólogo, astrólogo e escritor. *Curso completo de tarô* é sua obra de maior sucesso, mas ele também publicou *Tarô, carma e numerologia*, *Onde está minha felicidade?*, *Consulte o tarô*, *Consulte as runas*, *Consulte o I Ching*, *Consulte a Bíblia*, *Florais do mundo*, *Curso completo de terapia holística* entre outras. Sua ampla experiência inclui mais de vinte mil alunos (em curso regular e pela internet) e o atendimento a cerca de dez mil clientes, o que possibilitou a visão ampla da vida e do universo espiritual que serve de base para suas obras.

Nei Naiff

CURSO COMPLETO DE TARÔ

11ª edição

EDIÇÕES
BestBolso
RIO DE JANEIRO – 2011

CIP-BRASIL. CATALOGAÇÃO-NA-FONTE
SINDICATO NACIONAL DOS EDITORES DE LIVROS, RJ

Naiff, Nei (Claudinei dos Santos) 1958-
N148c Curso completo de tarô / Nei Naiff. – 11ª ed. – Rio de Janeiro:
11ª ed. BestBolso, 2011.
il.

ISBN 978-85-7799-143-3

1. Tarô. I. Título.

CDD: 133.32424
09-1539 CDU: 133:794.43

Curso completo de tarô, de autoria de Nei Naiff.
Título número 120 das Edições BestBolso.
Décima primeira edição impressa em março de 2011.
Texto revisado conforme o Acordo Ortográfico da Língua Portuguesa.

www.edicoesbestbolso.com.br

Capa: adaptada da edição original criada por Dinarte Design, com ilustração de Thais de Linhares (Rio de Janeiro, Nova Era, 2002).
Cartas: tarô clássico ilustrado por Thais de Linhares sob orientação de Nei Naiff, inicialmente publicado em *Curso completo de tarô* (Rio de Janeiro, Nova Era, 2002).

Direitos exclusivos de publicação em língua portuguesa para o Brasil em formato bolso adquiridos pelas Edições BestBolso um selo da Editora Best Seller Ltda. Rua Argentina 171 – 20921-380 Rio de Janeiro, RJ – Tel.: 2585-2000

Impresso no Brasil

ISBN 978-85-7799-143-3

Ofereço esta obra a todos os meus alunos
e aos que buscam estudar o tarô
no mundo virtual, seja como autodidatas
ou nos cursos da internet.

SUMÁRIO

LIÇÕES

Avaliações

Lições Complementares

Apresentação

Como estudar as lições deste curso?

Esta é uma experiência nova na literatura de tarô – estou transportando a didática de minhas aulas e palestras para um livro. Esta obra é uma evolução de minha apostila *Tarô, uma fonte inesgotável de estudos*, um resumo de minha trilogia sobre os estudos completos do tarô (*Tarô, ocultismo e modernidade*; *Tarô, vida e destino* e *Tarô, oráculo e terapia*), acrescido dos principais questionamentos de ouvintes em cerca de 350 palestras, em cursos ministrados para mais de 1.200 alunos em salas de aula nas cidades do Rio de Janeiro e de São Paulo. É resultado, também, da maravilhosa experiência que obtive com os cursos on-line para mais de seis mil alunos na internet (www.neinaiff.com). Tudo isso me possibilitou expressar uma didática clara e objetiva, visando ao aprendizado rápido do conteúdo do tarô; tenho certeza de que você ficará muito satisfeito quando terminar de estudar este livro.

Esta obra divide-se em 25 lições. Em cada uma delas, você encontrará explicações, resumos, indicações de leitura suplementar (textos das Lições Complementares) e de pesquisas dos conceitos em dicionários. As lições estão estruturadas para um aprendizado gradual, técnico, elucidativo e prático: você estará sendo preparado, desde as primeiras lições, para entender o que é o tarô, sua história e estrutura, bem como para jogar com qualquer tipo de tarô. Para que você atinja os meus e os seus objetivos no aprendizado do tarô, é muito importante que siga todos os passos solicitados. Não despreze as pesquisas, mesmo que pense que tem conhecimento sobre o assunto ou sobre a palavra, pois elas o ajudarão a compreender melhor o significado dos arcanos ou de alguma situação que esteja sendo explicada. Ainda no âmbito das pesquisas, sugiro que sejam feitas em bons dicionários completos: evite os de bolso ou os resumidos; peça emprestado a alguém, dirija-se a uma biblioteca, mas não deixe de estudar.

Para facilitar o estudo, incluímos nessa obra as cartas do tarô (veja Créditos na página 277). A partir da Lição 6, é desejável que você acompanhe o aprendizado com as cartas do tarô, colocando-as junto à lição no momento em que for lendo e estudando cada arcano. A partir da Lição 14, o uso das cartas será imprescindível, pois estaremos na parte prática do curso, ou seja, em seus jogos e orientações. É bom que você reserve um caderno para fazer um resumo de cada aula e anotações de dúvidas, de avaliações e, principalmente, das pesquisas em dicionários. *Leia, estude, releia.*

Um bom conselho: *evite ficar lendo partes do livro antes de estudar as lições anteriores, faça passo a passo, lição a lição* – avance somente após responder à avaliação de cada conjunto de lições; elas foram estruturadas para um aprendizado gradual. Se você errar mais de quatro perguntas da avaliação, volte e reestude toda a lição! *Seja seu próprio mestre, tenha disciplina para estudar!* Por favor, não se iluda verificando as respostas do gabarito antes de responder, porque desejo que você aprenda e não copie, anseio que você entenda e não se engane. Vamos fazer um trato? Mesmo quando errar uma única pergunta na avaliação, anote em seu caderno e estude, novamente, a lição correspondente; somente depois avance para o próximo bloco de lições.

Seja um bom aluno, pois tenho me esforçado para ser um bom professor.

Boa sorte e sucesso em seu novo caminho espiritual!

Lição 1

História

Apesar do empenho dos estudiosos e da boa literatura existente sobre o assunto, a origem do tarô permanece na obscuridade. As civilizações egípcia, chinesa, indiana e hebraica, entre outras, foram indicadas como as que teriam, em tempos remotos, concebido o tarô como um legado divino. Há os que situam sua invenção na Europa medieval, com o intuito de servir de diversão à corte real, e outros que o conceituam como uma nova arte de expressão. Teorias e crenças à parte, *ninguém sabe ao certo de onde veio o tarô ou, exatamente, o porquê de sua invenção*. Um fato inquestionável é que os mais antigos tarôs e documentos referentes a este jogo datam do final do século XIV. Não há nenhum registro, pintura, literatura ou qualquer coisa que se assemelhe ao tarô, ou a jogos de carta em geral, muito anterior à época da Renascença (1400-1600).

Atualmente existem três museus exclusivos sobre o tarô, com um acervo de mais de 25 mil tipos de cartas e documentos: o Museu Fournier (Alava, Espanha), o maior de todos; o Museu da Cidade (Marselha, França) e o Museu da U.S. Games (Stanford, EUA); também encontramos documentos e uma coleção variada de tarôs nos principais museus do mundo: no Louvre (Paris, França), Metropolitano (Nova York, EUA), Britânico (Londres, Inglaterra), entre outros; ou em importantes bibliotecas, tais como a Nacional da França (Paris) e a Pierpont Morgan (Nova York).

Fazendo um pequeno resumo da história registrada do tarô, observamos uma evolução, tanto no aspecto simbólico quanto literário. As cartas dos primeiros tarôs de que se tem notícia não continham *nome, numeração* nem o *quantitativo* como conhecemos atualmente, somente sua expressão *simbólica*, tal como o tarô de Visconti-Sforza produzido por volta de 1440, em Milão, na Itália. Entre 1500 e 1650, começaram a surgir, nas cartas de alguns tarôs, a *nominação*, como no tarô de Catlin Geofroy, ou só a *numeração*, como no tarô de Jacques Vieville. Alguns tarôs da Renascença continham 97 cartas, como o tarô de Minchiate; outros, 50, como o tarô de Mantegna; ou 37, como as cartas de Sola Busca. Por volta de 1690, os tarôs, em toda a Europa, obtiveram a formação definitiva de 78 cartas que conhecemos, similar à do tarô de Marselha – também não existem registros ou um consenso de como ou por que se chegou a essa estrutura. Os jogos de tarô permaneceram isolados no continente europeu desde a sua suposta origem entre 1369 e 1397 até por volta de 1870. Sua chegada aos Estados Unidos ocorreu entre 1870 e 1920, e ao Brasil e aos demais países da América do Sul, entre 1945 e 1980.

Resumindo: entre o final do século XIV e meados do século XVII, o número de cartas do tarô variou de 37 a 97. A partir do final do século XVII, o tarô passou a conter 78 cartas com numeração e nominação específicas. Durante aproximadamente quinhentos anos(!) esteve nos países da Europa continental, chegou à América do Norte no início do século XX e à América do Sul em meados do século XX.

Outro dado histórico interessante é que as cartas não se chamavam *tarot*, tampouco cada unidade era denominada *arcano*. Vejamos: nos primeiros registros históricos sobre o tarô, no final do século XIV, o tarô se chamava *ludus cartarum*; por volta de 1400 até 1450 foi denominado *naibis*;

e, num período entre 1450 e 1590, foi classificado como *tarocco* ou *tarochino*. Foi precisamente em 1592, na fundação de uma associação de artesãos franceses, que a palavra *tarot* surgiu. Contudo, a região da Itália continuou utilizando o termo *tarocco,* enquanto a França e demais países, na mesma época, usavam a designação *tarot – ninguém sabe ou conhece a etimologia dessa palavra, que é tida como a "estrada da vida" por alguns, mas trata-se de um termo genérico e coloquial.* Atualmente, cada país escreve a palavra de acordo com sua linguagem. Assim, na Itália, é *tarocco*; no leste europeu, *taroc*; nos países germânicos, *tarok* ou *tarot;* nos países de língua inglesa, *tarot;* e no Brasil, *tarô.* Cada carta, entre o final do século XIV e 1450, era chamada de *naibis*; por volta de 1450 a 1850, de *trunfo*; somente entre 1850 e 1900 surge a palavra *arcano.*

Resumindo: do final do século XIV até 1450 se dizia: os *naibis* do *ludus cartarum* ou os *naibis* do *tarocco* ou, simplesmente, as cartas dos *naibis* ou as cartas do *tarocco*; entre 1450 e 1850, dependendo da região, se dizia: os trunfos do *tarocco*, os trunfos do *tarot* ou os trunfos do *tarok.* Finalmente, a partir de 1850, as unidades passaram a ser denominadas os *arcanos do tarô*, como as chamamos até hoje.

Quanto à sua literatura propriamente dita, registros nos mostram que por muitos séculos o tarô foi utilizado, simultaneamente, tanto de forma lúdica quando oracular. É importante observar esse aspecto, pois ainda na Europa se utilizam as cartas do tarô para torneios de jogatina. Por isso, em francês, para se definir a forma de utilização das cartas, se diz: *tarot a jouer* (tarô para brincar, jogar) ou *tarot divinatoir* (tarô para adivinhar, ler). O mesmo acontece nos Estados Unidos, onde se diz: *cards to play (*cartas para brincar, jogar) ou *cards to read* (cartas para adivinhar, ler). Em toda a América do Sul e Central, onde não há a cultura de "brincar" com o tarô, algo parecido com o famoso jogo do buraco, não se faz esta distinção, pois o tarô é tido como algo intocável e sacralizado. Contudo, tanto na Europa quanto nos Estados Unidos, quem faz uso da jogatina não utiliza o oráculo e vice-versa. É tudo uma questão de consciência.

Por esse aspecto confuso (lúdico-oracular) de sua utilização nos séculos anteriores, o tarô não foi muito bem aceito pelos esotéricos; praticamente não temos nenhuma obra de ocultistas renomados até o final do século XVIII se reportando ao tarô, ao contrário do que ocorre com qualquer outra área mística. Foi com os livros de Antoine Court de Gebelin (1775), Etteilla (1783), Eliphas Lévi (1854), Mac Gregor Mathers (1888), Papus (1889) e Arthur Edward Waite (1910), um se baseando no outro, que o tarô entrou definitivamente no círculo esotérico. Em qualquer história anterior a esses verdadeiros patronos do tarô, encontramos apenas conjecturas insólitas que se perdem no devaneio místico. Um fato curioso: somente os homens podiam ilustrar e produzir as cartas de tarô, as quais só utilizavam de forma lúdica, enquanto as mulheres as jogavam também em sua forma oracular. Podemos assegurar que o tarô, como oráculo, era, essencialmente, uma arte feminina; e talvez porque estivesse no contexto de uma sociedade totalmente misógina, os ocultistas tenham se recusado a estudar seus símbolos. O primeiro homem a jogar o tarô em sua forma oracular foi o parisiense Etteilla, por volta de 1780/85, e foi Pamela Smith a primeira mulher a desenhar um tarô (Rider-Waite Tarot), em 1910. Da mesma forma, não existe literatura do gênero ocultista escrita por mãos femininas antes do final do século XIX!

Resumindo: desde seu aparecimento na Europa, no final do século XIV, até o final do século XVIII, as cartas eram vistas de forma lúdica e mística; nenhum ocultista deu importância ao seu significado simbólico e oracular até 1775. Somente a partir do século XIX, o tarô começou, definitivamente, a ser estudado pelos grandes ocultistas e, no século XX, por todos os esotéricos e exotéricos.

COMPLEMENTO DESTA LIÇÃO

1. Estude o texto "Curiosidades históricas" – Aula eletiva 1, página 221.
2. Qual o significado de...? Pesquise as seguintes palavras:
   - Esotérico
   - Exotérico
   - Ocultismo
   - Magia
   - Símbolo
   - Arcano

Observação: Somente leia as aulas eletivas quando for solicitado e tome nota de todas as palavras pesquisadas e seus respectivos significados. Jamais deixe de estudá-las.

Lição 2

Classificação

Uma das grandes dificuldades iniciais do estudante é saber com qual tipo de tarô deverá aprender ou jogar. Porém, antes de responder a essa questão, se faz necessário conhecer um pouco do universo artístico das cartas. Precisamos fazer uma classificação do que existe ao seu dispor para que você possa escolher o tarô que mais atenda à sua necessidade. Antes de continuarmos, entenda que o estou ensinando a conhecer o tarô e não um tipo único de cartas.

Em função de sua simbologia, podemos denominar o conjunto dos tarôs desenhados entre 1400 e 1900 de *Tarô Clássico* ou *Tradicional*, pois todos foram ilustrados no mesmo padrão; são centenas de tarôs que levam o nome do autor ou editor: Jacques Vieville, Jean Noblet, François Chosson, Claude Bourdel, Jean Payen, Giuseppe Lando, Claude Thomasset, entre tantos. No final do século XIX, com o avanço da tecnologia e a Revolução Industrial, foi possível editar o tarô com melhores imagens e com maior sutileza de cores, o que mudou sensivelmente sua forma artística, mas não seu símbolo. Desse período, temos os tarôs de Jacques Burdel, Joseph Rochias, Oswald Wirth, Falconnier, Antonio Piedmontesi, entre outros. Em 1925, Paul Marteau, editor e diretor da Casa Grimaud, em Paris, redesenhou os padrões dos tarôs antigos da região de Marselha, sul da França, editando, em 1930, o famoso tarô de Marselha. *Assim, todos os tarôs que seguem o padrão simbólico do tarô de Marselha são considerados tarôs clássicos.* Ainda hoje, temos diversos tipos que seguem idêntico padrão simbólico, entre os quais Spanish Tarot (1970), Classic Tarot (1972), Fournier Tarot (1980), Angel Tarot (1983) e Old English Tarot (1997).

Resumindo: os tarôs clássicos contêm simbologia similar à do tarô de Marselha. São altamente recomendáveis para se iniciar os estudos.

No início do século XX, o advento de novas tecnologias de cores e de impressão, os conceitos evolucionais do homem e a abertura do esoterismo possibilitaram uma grande expansão do processo de edição do tarô e o surgimento do conceito do *Tarô Moderno* ou *Estilizado*. Essa nova categoria é instaurada em 1910 por Arthur Edward Waite com o lançamento do primeiro tarô com desenhos e traços livres, modernos e ricamente coloridos – uma novidade à época. Foi também naquele ano que, pela primeira vez, os arcanos menores ganharam ilustrações completas com o tarô de Rider-Waite. Alguns tarôs modernos: tarô dos Boêmios (1919), BOTA Tarot (1920), Thoth Tarot (1940), Calhiostro Tarot (1955), Aquarian Tarot (1973), Zigeuner Tarot (1975), New Age Tarot (1982) e Cosmic Tarot (1990).

Resumindo: os tarôs modernos também contêm simbologia semelhante à do tarô de Marselha, porém com estilização artística, cadeia simbólica ou símbolo análogo. São recomendáveis para se iniciar os estudos.

Por volta de 1970, surgiu o que podemos classificar de *Tarô Transcultural* ou *Étnico*. A partir do significado de cada arcano do tarô clássico, o autor buscou, em determinada mitologia ou fábula, um significado análogo ao atributo escolhido. Assim, o arcano 1, O Mago, símbolo de iniciativa, vontade, criatividade, destreza, possibilidade, aspiração, tornou-se Hermes, Merlim, Exu, Osíris, Mercúrio, entre tantas figuras mitológicas possíveis e análogas. Diferentemente do que ocorre com os tarôs surrealistas (última classificação), em que o autor usa da livre expressão para retratar um tema, nos transculturais utiliza-se apenas o recurso de desenhar o mito de forma parecida com os tarôs clássicos ou modernos. Alguns tarôs transculturais: Kier Tarot (1970), Xultun Tarot (1972), Native American Tarot (1982), Celtic Tarot (1985), Astec Tarot (1986), Tarô Mitológico (1988), Viking Cards (1989), Merlin Tarot (1990), Tarô dos Orixás (1992) e Goddess Tarot (1998).

Resumindo: os tarôs transculturais estabelecem uma analogia entre os tarôs clássicos e determinada mitologia. Suas imagens não remetem às dos tarôs clássicos porque estão baseadas apenas em sua significação. Requerem o conhecimento das estruturas clássicas e da mitologia para a compreensão dos símbolos desenhados. Não aconselho iniciar os estudos por essa classificação, que, contudo, é excelente quando se conhece bem a estrutura do tarô.

Por volta de 1975 começaram a surgir tarôs que foram baseados tanto nos clássicos e modernos como nos transculturais, porém, deixando de lado a tradicional forma simbólica, buscando a livre criação artística dentro do contexto de significação de cada arcano. Assim, apareceu o que podemos denominar de *Tarô Surrealista* ou *Fantasia*, que requer do estudante o conhecimento prévio da *estrutura dos tarôs clássicos* para que possa compreender o que foi desenhado. Neste grupo, cada um dos tarôs é visualmente diferente do outro, eles não têm nada em comum; contudo, todos remetem claramente aos significados simbólicos dos tarôs clássicos e modernos. Alguns tarôs surrealistas: Tantric Tarot (1976), Tarot Mystique (1983), Tarot Universal Dali (1984), Le Tarot Juguien (1988), The Enchanted Tarot (1990) e Osho-Zen Tarot (1994).

Resumindo: os tarôs surrealistas costumam não se parecer visualmente com os tarôs modernos e clássicos, as imagens são diferentes; porém, remetem ao significado (atributo) dos arcanos. Requerem o conhecimento das estruturas clássicas para a compreensão dos símbolos desenhados. Não aconselho iniciar os estudos por esta classificação que, contudo, é excelente quando se conhece bem a estrutura do tarô, tanto dos clássicos quanto dos transculturais.

Como vimos, existem muitos modelos de tarôs, e ressalto a importância de qualificar as cartas para melhor entendimento futuro. Atualmente, devido à grande quantidade de "tipos" de tarô que são oferecidos (mais de 500 no exterior e 15 no Brasil) e ao expressivo número de obras de literatura básica e avançada, que se misturam (mais de 1.100 no exterior e 120 no Brasil), o iniciado e o estudante tendem a se confundir na hora de "escolher" o seu tarô. Assim, você pode perguntar: – **Bem, qual é o melhor ou com qual eu devo jogar?** *Não existe um tarô melhor que o outro.* Tudo é uma questão de gosto e prazer visual. Escolher um tarô é como comprar uma roupa: vamos ao shopping no setor de camisas e escolhemos um modelo que nos agrada; contudo, camisa é camisa e não calça! Assim como tarô é tarô, e jamais *um tipo* de tarô. As cartas do tarô seguem a cultura artística e utilizam os recursos tecnológicos de seu próprio tempo, consequentemente, sempre existirá um tarô que podemos chamar de "moderno"; até o tarô de Marselha foi moderno para a sua época. Tudo é mutável na criação humana! Assim, ocorre o mesmo em sua literatura, pois, com o avanço dos tempos, novas ideias e parâmetros vão sendo associados ao tarô.

Quando um conjunto de cartas não obedece de alguma forma ao padrão estrutural de 78 arcanos e ao padrão simbólico de cada arcano, então não é um verdadeiro tarô(!). Por exemplo, o que chamam de *tarô cigano*, que é composto de 36 cartas com simbologia diferente da que estamos aprendendo; na realidade, ele é uma estilização do baralho de Mlle. Lenormand (1815). O mesmo ocorre com o tarô dos anjos, o tarô xamânico, o tarô das pedras, o tarô astrológico, o tarô das flores, o tarô dos animais, entre tantos que seguem outra simbologia e estrutura. No verdadeiro tarô há sempre uma cadeia simbólica comum a todos. Você nunca encontrará, por exemplo, o arcano 1, O Mago, representado por um velho ou uma mulher, sentado ou sem os objetos dos quatro elementos; da mesma forma, nunca encontrará o arcano 9, O Eremita, retratado por um jovem, sentado ou sem o cajado e a lanterna – *salvo* nos tarôs transculturais e surrealistas, que são desenhados por analogia e não por cadeia simbólica.

Ninguém inventa os símbolos do tarô, todos seguem um padrão simbólico; contudo, o que realmente faz os diversos tarôs existentes parecerem tão diferentes à primeira vista é a criatividade do autor (estilo, cor, traço, expressão). Cada artista tem sua forma particular de observar e ilustrar uma figura ou situação. Não importa quem o ilustrou, a mensagem oracular será sempre a mesma! Por exemplo, você jamais lerá num livro ou aprenderá em algum curso que o arcano 19, O Sol, tem atributos de tristeza, transformação, lentidão, possibilidade, rupturas, lágrimas; sempre aprenderá que esse arcano tem significados de sucesso, felicidade, expansão, consciência, alegria, evolução, verdade e paz... ou algo análogo!

Resumindo: você pode jogar/estudar qualquer tarô que obedeça à estrutura de 78 arcanos com a nominação e/ou simbologia específica que veremos durante o curso. Existem diversas expressões artísticas sobre o mesmo símbolo e todas as literaturas são idênticas nos atributos dos arcanos; algumas podem explicar ou utilizar novos conceitos, mas sempre no mesmo sentido. Da mesma forma, qualquer tipo de jogo ensinado em qualquer livro poderá ser usado para qualquer tipo de tarô. Nenhum tarô é melhor que outro, nenhum jogo é exclusivo para um determinado tarô; pois o tarô é um alfabeto simbólico que se adapta à evolução dos tempos e às novas descobertas. Durante nossas lições, os arcanos serão ilustrados com o tarô que acompanha este livro; contudo, todas as informações serão válidas para QUALQUER tipo que exista ou venha a existir. Tarô é tarô, pense nisso.

COMPLEMENTO DESTA LIÇÃO

1. Estude o texto "Tarô é tarô" – Aula eletiva 2, página 231.
2. Qual o significado de...? Pesquise as seguintes palavras:
   - Filosofia
   - Doutrina
   - Dogma
   - Livre-arbítrio
   - Microcosmo
   - Macrocosmo

Lição 3

O que é o tarô?

Por enquanto, não pensem como vai jogar, como funciona o sistema, o que é preciso ter ou fazer; apenas estude as lições como são apresentadas passo a passo e não despreze qualquer pesquisa solicitada. O estudo das ciências ocultas e do esoterismo de uma forma geral leva ao autoconhecimento. Quem pesquisa o assunto tem grandes chances de entender a complexa vida humana e espiritual, mas observe: isso se dá por meio de seu estudo e não somente dos jogos. Posso assegurar que quem estuda o tarô ou qualquer outro sistema, em sua estrutura e simbologia, tende a se autoconhecer e a descobrir novos horizontes pessoais. Porém, toda consulta oracular (jogos, mapas) apenas orienta sobre uma direção pessoal e/ou esclarece o momento de vida; entretanto, é impossível separar para o estudante, no início de seu contato com o tarô, o que é o autoconhecimento e o que são os jogos – eles estão de tal maneira interligados que somente com o tempo se percebe um e outro. Embora todos os oráculos levem ao autoconhecimento, no aspecto da *consulta* eles se subdividem e se qualificam para determinadas áreas da vida. É comum pensar que um jogo de tarô responderá a tudo e que todos os outros funcionarão para qualquer coisa... ERRADO! Cada oráculo tem seu limite de atuação, e sob um aspecto generalizado podemos classificar da seguinte forma:

1) Qualidades do SER – Os oráculos deste conjunto analisam a *tendência da vida* sem considerar o livre-arbítrio; expressam a potencialidade dos eventos, mas não determinam qual a reação do indivíduo perante o fato em si – astrologia, numerologia, quiromancia, fisiognomonia. *Quando terei filhos? Quando casarei? Quando encontrarei a luz espiritual? Qual minha aptidão profissonal?* Essas são perguntas mais bem respondidas pelos oráculos do SER – situações abstratas e subjetivas no tempo-espaço.
2) Qualidades do ESTAR – Os oráculos deste outro conjunto analisam a *condição humana* sem levar em conta a tendência da vida; expressam a potencialidade dos eventos levando em consideração o estado do indivíduo perante o fato em si – tarô, cartas ciganas, I-Ching, runas, geomancia, cafeimancia. *Vou comprar o carro este ano? Vou namorar o João? A religião que professo é meu caminho? Vou ter um filho no próximo ano?* Essas são perguntas mais bem respondidas pelos oráculos do ESTAR – situações objetivas e definidas na alma humana.

Por exemplo, um consulente desejou saber, pela astrologia e pela numerologia, sobre sua vida afetiva. O astrólogo e o numerólogo disseram que o período era extremamente favorável para iniciar um novo romance, que ele encontraria um parceiro maravilhoso. Porém, a astrologia, considerada a mãe de todos os oráculos, e a numerologia não "observam" o estado emocional do indivíduo, como o passado foi vivenciado, o que há de ideias e vontades reais dentro do consciente humano... Bem, este mesmo consulente também foi a um tarólogo e a um runólogo para confirmar a história. Tanto as cartas quanto as runas revelaram o seguinte: sim, haveria um novo romance, mas seu coração e sua alma estavam tão atordoados e amargurados com acontecimentos passados que o próprio consulente rejeitaria a promessa de felicidade. *Assim, os oráculos se complementam, cada um lê uma parte do todo.* A astrologia não responderá com eficácia e rapidez se João ficará com Maria, pois tal questão está qualificada para os oráculos do "estar". O tarô não responderá com maestria quando João encontrará alguém, pois essa pergunta está qualificada para os oráculos do "ser".

Resumindo: o tarô pode ser usado como uma ferramenta para orientação pessoal (jogos, oráculo) ou para o autoconhecimento (estudo, meditação, filosofia). Nem o tarô, nem a astrologia ou a numerologia estão aptos a responder sobre qualquer assunto, todos terão um campo de atuação espiritual diferente (ser-estar). Especificamente, em jogos, o tarô responde com eficácia a tudo o que for tangível, vivenciado e planejado; as cartas não servem a especulações.

Cada carta do tarô é denominada ARCANO, que significa: mistério, segredo. O tarô é constituído de 78 arcanos que estão divididos em dois conjuntos com estruturas distintas: 22 arcanos maiores e 56 arcanos menores – a metodologia de estudo é diferente entre os dois e a construção está baseada no princípio do macrocosmo (arcanos maiores) e microcosmo (arcanos menores). Vejamos:

- **Os 22 arcanos maiores** compreendem 21 cartas numeradas e mais uma carta sem numeração. Os arcanos têm nomes distintos uns dos outros e funções diferentes. Seu conjunto é estruturado com *símbolos evolutivos*, caracterizando-se pela complexidade ornamental. Os arcanos maiores se reportam à mente abstrata, ao mundo subjetivo e se relacionam com a formação da VIDA, a energia ou o *potencial de uma situação* – é como se tivéssemos o mapa de uma cidade à mão buscando um endereço, como se pensássemos em comprar um carro. *Há sempre uma tendência generalizada nestes arcanos.*

- **Os 56 arcanos menores** compreendem quatro conjuntos – Ouros, Espadas, Copas e Paus – que denominamos "naipes". Cada naipe contém 14 cartas: dez cartas numeradas (1 a 10) e quatro cartas da corte (Pajem, Cavaleiro, Rainha, Rei). Seu conjunto é estruturado com *símbolos sinalizadores*, caracterizando-se pela simplicidade ornamental. Os arcanos menores se lançam à mente racional, ao mundo do objeto, e se relacionam com a manifestação da FORMA (da VIDA), a *realização do potencial* – é como se estivéssemos andando nas ruas que vimos no mapa da cidade, como se estivéssemos dirigindo o carro que compramos. *Há sempre uma projeção efetiva nestes arcanos.*

Podemos realizar uma consulta utilizando somente os arcanos maiores, porém haverá sempre uma tendência aproximada dos fatos, nunca a revelação ou a certeza absoluta. Os arcanos maiores norteiam melhor as orientações psíquicas e os avanços de situações existentes. Não podemos utilizar unicamente os arcanos menores, pois eles dependem da direção dos arcanos maiores, trabalham em conjunto. *Quando utilizamos os dois numa consulta, temos uma orientação precisa e objetiva de uma situação.* O objetivo deste livro, no entanto, é fornecer os primeiros passos – verdadeiros – na leitura do tarô; se você gostar e se adaptar ao estudo do tarô, poderá aprofundar seu conhecimento com as outras obras de minha autoria.

Resumindo: o tarô contém 78 arcanos que se dividem em dois conjuntos: 22 arcanos maiores e 56 arcanos menores. O primeiro conjunto se reporta ao mundo subjetivo e idealizado, o segundo, ao universo concreto e formativo. A integração dos 78 arcanos está baseada na ideia do macro-microcosmo. Observe a relação: a intenção da psique ou do destino (arcanos maiores) numa interação com seus objetivos (arcanos menores/naipe) se manifesta numa personalidade ou situação (arcanos menores/corte), para realizar um plano de ação ou uma trajetória natural (arcanos menores/numerados).

COMPLEMENTO DESTA LIÇÃO

1. Qual o significado de...? Pesquise as seguintes palavras:
   - Tarô
   - Numerologia
   - Astrologia
   - Quiromancia
   - Oráculo
   - Vidência
   - Cartomancia

Avaliação 1

Lições 1, 2 e 3

1) **Qual o melhor tarô para se jogar?**
   a) Tarô de Marselha e/ou tarô Mitológico.
   b) Tarô de Crowley e/ou tarô Nova Era.
   c) Tarô de Rider-Waite e/ou tarô Egípcio.
   d) Nenhum tarô é melhor que outro, todos são iguais.

2) **Em qual dos seguintes períodos surgiu o tarô transcultural?**
   a) 1980-90.
   b) 1970-75.
   c) 1910-35.
   d) 1960-70.

3) **Qual a diferença entre esotérico e exotérico?**
   a) Esotérico é passivo e exotérico é ativo.
   b) Esotérico representa o macrocosmo e exotérico o microcosmo.
   c) Esotérico é um aprendizado oculto e exotérico aberto ao público.
   d) Não há diferença, a grafia está errada.

4) **O que é um símbolo?**
   a) Uma figura que evoca o significado de algo subjetivo.
   b) Uma forma de expressar o pensamento.
   c) Um signo astrológico ou sinal de trânsito.
   d) Uma carta de tarô.

5) **Qual o significado da palavra "arcano"?**
   a) O segredo dos esotéricos.
   b) As cartas do tarô.
   c) Um segredo, mistério.
   d) Ciência oculta.

6) **Quantos arcanos há no tarô?**
   a) 22.
   b) 56.
   c) 36.
   d) 78.

7) **Qual a diferença entre o arcano maior e o arcano menor?**
   a) O primeiro é a expressão e o segundo, a comunicação.
   b) O arcano menor é a negação do arcano maior.
   c) O segundo é o macrocosmo e o primeiro, o microcosmo.
   d) O arcano maior é a idealização e o menor, sua formação.

8) **O famoso tarô Egípcio, da Editora Kier foi...**
   a) descoberto na pirâmide de Queóps.
   b) copiado dos antigos pergaminhos sagrados.
   c) produzido em Buenos Aires em 1970.
   d) produzido pelos sacerdotes egípcios.

9) **Qual a diferença entre dogma e livre-arbítrio?**
   a) Um é a ordem religiosa e o outro é a ordem esotérica.
   b) Um é o dom do opressor e o outro é o dom do mais fraco.
   c) Um é a verdade incontestável e o outro, a liberdade de expressão.
   d) Não há diferença entre os dois.

10) **Qual a diferença entre o tarô e a astrologia?**
   a) Um estuda a vida e o outro, o nascimento.
   b) Um analisa o momento e o outro, a tendência.
   c) Um observa o presente e o outro, o passado.
   d) Os dois descobrem o futuro.

11) **Quem instaurou o pseudoconceito de que o tarô surgiu no Egito?**
   a) Eliphas Lévi, 1854.
   b) Papus, 1900.
   c) Antoine Court de Gebelin, 1775.
   d) Mac Gregor Mathers, 1888.

12) **Quais são os oráculos que analisam a função "estar"?**
   a) Tarô, astrologia, runas, numerologia.
   b) Tarô, I-Ching, mitologia, quiromancia.
   c) Tarô, runas, I-Ching, geomancia.
   d) Tarô, geomancia, astrologia, runas.

13) **Qual dos seguintes ocultistas introduziu a cabala no tarô?**
   a) Antoine Court de Gebelin, 1775.
   b) Mac Gregor Mathers, 1888.
   c) Eliphas Lévi, 1854.
   d) Papus, 1900.

14) **Como se chamou o tarô ao longo dos séculos?**
   a) *Tarocco, naibis, tarot, ludus cartarum.*
   b) *Naibis, ludus cartarum, tarocco, tarot.*
   c) *Ludus cartarum, naibis, tarocco, tarot.*
   d) *Tarot, tarocco, ludus cartarum, naibis.*

15) **Associe o nome do tarô à sua classificação.**
   a) O tarô de Rider é um...
   b) O tarô Mitológico é um...
   c) O tarô de Marselha é um...
   d) O tarô de Osho-Zen é um...

      1) tarô clássico ou tradicional.
      2) tarô moderno ou estilizado.
      3) tarô transcultural ou étnico.
      4) tarô surrealista ou fantasia.

16) **O curinga do baralho comum surgiu para...**
   a) disfarçar o jogo do tarô diante da Inquisição, em 1550.
   b) alegrar a corte real de Veneza, em 1450.
   c) complementar jogos lúdicos em Nova York, em 1840.
   d) assegurar que ninguém soubesse a origem do tarô.

17) **Em que século se registrou pela primeira vez a denominação "arcanos do tarô"?**
   a) Século XX.
   b) Século XIX.

c) Século XVIII.
d) Século XV.

18) Quem introduziu o tarô nas correntes esotéricas e nas fraternidades?

a) Eliphas Lévi, em 1854.
b) Papus, em 1900.
c) Mac Gregor Mathers, em 1888.
d) Antoine Court de Gebelin, em 1775.

OBS: Veja o gabarito na página 274; errando, estude a lição correspondente.

Lição 4

Estrutura geral – parte 1

A cadeia simbólica dos arcanos maiores deve ser observada de forma circular ou como uma espiral contínua. Embora utilizemos uma numeração linear, ela se faz necessária para nossa mente racional. O arcano sem número, O Louco, é o elo entre a carta de número 21, O Mundo, e a carta de número 1, O Mago, como se terminássemos uma fase e começássemos outra; por isso, algumas literaturas iniciam a instrução do tarô pela carta do Louco e outras a deixam para o final, tanto faz. A cadeia simbólica dos arcanos menores deve ser vista na forma de um quadrado – quatro lados diferentes que se conectam. Cada naipe dos arcanos menores é uma forma de expressar a vida: Ouros, Espadas, Copas ou Paus. *Agora, observe a seguinte questão:* cada arcano maior contém quatro manifestações – uma material, uma mental, uma sentimental e uma espiritual –; ou seja, dependendo da questão analisada, ele terá uma expressão. Com os arcanos menores é diferente: cada carta tem uma única manifestação! A sequência simbólica do tarô não é aleatória, existe um ritmo de valores entre acertos e erros até o ponto final, é como se planejássemos comprar algo e a sequência das cartas mostrasse em qual ponto da trajetória o processo se encontrara: no início, no meio ou no fim? O destino está contra ou a favor? As pessoas estão ajudando ou não? Sim, não ou talvez? Depende de mim, do destino ou de alguém? Estou namorando alguém com um valor sentimental (afeto), material (posse) ou mental (ciúme)? Enfim, cada arcano tem uma mensagem diferente, que será aprendida ao longo das lições. Vejamos a apresentação dos 78 arcanos.

22 ARCANOS MAIORES		
Número do arcano	**Nome comum**	**Atributo principal**
1	O Mago	Aspirar
2	A Sacerdotisa	Analisar
3	A Imperatriz	Desenvolver
4	O Imperador	Controlar
5	O Sacerdote	Disciplinar
6	O Enamorado	Escolher
7	O Carro	Direcionar
8	A Justiça	Ajustar
9	O Eremita	Pesquisar
10	A Roda da Fortuna	Alterar
11	A Força	Dominar
12	O Pendurado	Resignar
13	A Morte	Modificar
14	A Temperança	Reconciliar
15	O Diabo	Desejar
16	A Torre	Dissolver
17	A Estrela	Harmonizar
18	A Lua	Expandir
19	O Sol	Triunfar
20	O Julgamento	Transcender
21	O Mundo	Progredir
Sem número	O Louco	Revolucionar

56 ARCANOS MENORES			
Naipe	**Nome ou numeração**		**Atributo principal**
OUROS	Corte	Pajem	Especulação
		Cavaleiro	Praticidade
		Rainha	Preservação
		Rei	Sucesso
	Numerados	Ás	Realização
		2	Impasse
		3	Crescimento
		4	Retenção
		5	Prejuízo
		6	Opção
		7	Expansão
		8	Oportunidade
		9	Recompensa
		10	Êxito
ESPADAS	Corte	Pajem	Intrigas
		Cavaleiro	Ímpeto
		Rainha	Obsessão
		Rei	Vitória
	Numerados	Ás	Ação
		2	Discórdia
		3	Decepção
		4	Inércia
		5	Desperdício
		6	Negligência
		7	Cautela
		8	Perigo
		9	Sofrimento
		10	Finalização

56 ARCANOS MENORES (Continuação)			
Naipe	**Nome ou numeração**		**Atributo principal**
COPAS	Corte	Pajem	Confiança
		Cavaleiro	Volubilidade
		Rainha	Dissimulação
		Rei	Progresso
	Numerados	Ás	Felicidade
		2	União
		3	Resolução
		4	Insatisfação
		5	Frustração
		6	Lamentação
		7	Devaneio
		8	Fracasso
		9	Soluções
		10	Plenitude
PAUS	Corte	Pajem	Sinceridade
		Cavaleiro	Ousadia
		Rainha	Virtude
		Rei	Produtividade
	Numerados	Ás	Fertilidade
		2	Reflexão
		3	Inovação
		4	Harmonia
		5	Recuperação
		6	Benefício
		7	Vantagem
		8	Término
		9	Obstáculo
		10	Recomeço

Resumindo: os 78 arcanos obedecem a uma sequência simbólica expressando todo universo humano; cada carta tem um atributo específico que significa sua força principal, contudo, haverá uma ampliação desses atributos, como veremos durante o curso.

COMPLEMENTO DESTA LIÇÃO

1. Estude o texto "Confusão simbólica" – Aula eletiva 3, página 236.
2. Na medida do possível, durante o curso, a cada arcano estudado, pesquise as palavras de seu atributo principal para maior compreensão.

Lição 5

Estrutura geral – parte 2

A partir desta lição, finalmente, você estará apto a iniciar os estudos dos arcanos, tendo como base as diferenças entre os tarôs, um pouco de sua história, finalidade e estrutura. Entretanto, antes, preciso explicar o último conceito para a compreensão dos arcanos e de como iremos utilizá-los nos jogos das últimas lições. Esta lição é um pouquinho mais difícil que as anteriores, mas estudando com atenção é possível entendê-la perfeitamente. Você leu, na lição anterior, que cada arcano maior contém quatro manifestações e cada arcano menor tem apenas uma – o que é isso? A interação dos quatro elementos: Terra, Ar, Água e Fogo. Os quatro elementos são uma fórmula esotérica muito antiga que se reporta aos quatros planos do universo humano: *material*, *mental/verbal*, *sentimental* e *espiritual*; os elementos são como um alicerce no estudo e na aplicação do tarô. Você já deve ter ouvido falar nas palavras "holismo" e "holístico", elas se referem à interação dos quatro mundos humanos. Nós analisaremos os elementos separadamente, mas na realidade eles estão interligados. Numa consulta de tarô, observamos qual mundo (elemento) está dissociado dos outros, ou se estão todos em harmonia. É vital o entendimento dos quatro elementos (mundos, planos holísticos) tanto para o estudo dos arcanos nas próximas lições quanto para o momento de uma consulta. Observe e estude, cuidadosamente, a divisão da tabela a seguir:

Cada um dos 22 arcanos MAIORES se manifesta nos quatro elementos.			
Cada naipe (14 cartas) dos 56 arcanos MENORES se manifesta apenas em um elemento.			
QUATRO ELEMENTOS			
TERRA	**AR**	**ÁGUA**	**FOGO**
Material	*Mental/Verbal*	*Sentimental*	*Espiritual*
Este elemento se refere a tudo o que é **tangível, sensível e obtido pelo físico.** Verbo: TER	Este elemento se refere a tudo o que é **racionalizado, pensado e direcionado pela ação e pela expressão.** Verbo: SER	Este elemento se refere a tudo o que é **sonho, esperança e aspiração da alma.** Verbo: ESTAR	Este elemento se refere a tudo o que é **compreendido e aceito pela transcendência e que evolui por meio dela.** Verbo: FICAR
Corpo	Alma/Psique	Alma/Emoção	Espírito
Forma	Ideia	Sonho	Inspiração
Realização	Planejamento	Desejo	Aspiração
Conclusão	Elaboração	Criatividade	Perfeição
Dinheiro	Ambição	Vaidade	Filantropia
Trabalho	Profissão	Habilidade	Dom
Posse	Ciúme	Paixão	Compaixão
Limitação	Egoísmo	Orgulho	Harmonia
Namoro	Intenção	Sedução	Compreensão
Casamento	Relacionamento	Amor	Paz
Saúde física	Saúde mental	Saúde emocional	Saúde espiritual
NAIPE DE OUROS	NAIPE DE ESPADAS	NAIPE DE COPAS	NAIPE DE PAUS

Dúvidas? Óbvio que deve ter tido. O que isso tem a ver com o tarô, não é só jogar as cartas? – você deve estar perguntando. Aprender o significado de cada carta é fácil, a grande dificuldade do estudante ocorre no momento de uma consulta: *o que falar?* O segredo se encontra na compreensão dos quatro elementos. Vejamos. Você aprenderá neste livro, ou lerá em outros, uma série de significados para cada carta. É importante classificar cada significado em relação a cada elemento, pois no momento de uma consulta somente um dos elementos – material, mental, sentimental, espiritual – irá se manifestar. Opa! Como vou descobrir o elemento? Através da pergunta ou do significado da casa do jogo. Complicou? Vamos desenrolar. Como observamos na tabela anterior, toda situação humana pode ser classificada de acordo com os quatro elementos. Se pergunto sobre a compra do carro, qual é o elemento? Terra – material. Então, a resposta só deve expressar o significado material do arcano maior. Pergunto sobre o afeto do parceiro, qual é o elemento? Água – sentimental. Nesse caso, a resposta deve conter apenas o significado sentimental do arcano maior. Você perceberá nos estudos dos arcanos maiores que uma mesma carta é muito favorável num determinado plano e desfavorável em outro. Nenhum arcano é bom ou mau, a pergunta ou situação é que o classificará.

Já estudamos que é possível jogar o tarô somente com os arcanos maiores; para este caso, você possui uma das chaves de interpretação que expliquei anteriormente – a escolha do elemento da carta em relação ao elemento da pergunta. Também vimos que quando jogamos com o tarô completo, as respostas são mais rápidas e objetivas; contudo, isso requer um maior grau de atenção e análise combinatória, pois estamos usando em conjunto uma carta do arcano maior e uma do menor. Estudamos que o arcano menor é uma manifestação do arcano maior, certo? Então, o arcano menor mostrará de que forma a situação principal (elemento do arcano maior) irá se manifestar (elemento do arcano menor). Deu um nó? Vamos com calma, já estou preparando o seu raciocínio para que você faça as análises de combinações dos arcanos, se desejar utilizar o tarô completo. No momento, não se preocupe com o modo como o processo funcionará na prática, pois ainda retornaremos a esse assunto quando terminarmos de estudar os 78 arcanos.

Voltemos à nossa lição. O arcano menor apresentará, sempre, apenas uma manifestação, independentemente da pergunta – o próprio naipe é um elemento único: material, mental, sentimental ou espiritual. Assim, seja a pergunta de cunho material ou sentimental, o arcano menor será fixo em sua análise. Mas não se esqueça de que sempre utilizamos duas cartas, um arcano maior e um menor. Vejamos um exemplo: uma pergunta material deve ser conectada com o plano material do arcano maior e relacionada com o elemento do naipe do arcano menor; assim, se sair o naipe de Copas, primeiramente, indicará que a matéria está sendo desejada; se sair um naipe de Ouros, primeiramente, se trata de uma indicação de que a matéria se concluirá.

PLANO do Arcano MAIOR	**NAIPE Arcano MENOR**	**Combinação Positiva-Negativa**
Material	Ouros – material	+
	Espadas – mental	–
	Copas – sentimental	–
	Paus – espiritual	+
Mental/Verbal	Ouros – material	+
	Espadas – mental	–
	Copas – sentimental	–
	Paus – espiritual	+
Sentimental	Ouros – material	+
	Espadas – mental	–
	Copas – sentimental	+
	Paus – espiritual	+
Espiritual	Ouros – material	+
	Espadas – mental	–
	Copas – sentimental	+
	Paus – espiritual	+

Resumindo: os quatro elementos são a base para classificar o tipo de consulta e a compreensão da análise dos arcanos nesta mesma consulta. Como regra geral, cada arcano maior do tarô se manifestará em quatro planos – material, mental, sentimental e espiritual; cada naipe do arcano menor se manifestará em um único plano – material, mental, sentimental ou espiritual.

COMPLEMENTO DESTA LIÇÃO

1. Estude o texto "Degraus da evolução" – Aula eletiva 4, página 241.
2. Qual o significado de...? Pesquise as seguintes palavras:
   - Ter
   - Ser
   - Estar
   - Ficar

Avaliação 2

Lições 4 e 5

1) **Qual a diferença entre o tarô de Rider e/ou assemelhados e os tradicionais?**
   a) No tarô de Rider, o arcano 8 é A Imperatriz e o arcano 11 é O Mundo.
   b) No tarô de Rider, o arcano 8 é A Força e o arcano 11 é A Justiça.
   c) No tarô de Rider, o arcano 8 é A Justiça e o arcano 11 é A Força.
   d) Não há diferença entre os tarôs.

2) **O que se deve fazer para estudar o tarô?**
   a) Aprender cabala e astrologia.
   b) Aprender numerologia e mitologia.
   c) Estudar a simbologia e a estrutura dos arcanos.
   d) Aprender cabala, astrologia e numerologia.

3) **Toda pergunta oracular deve ser associada...**
   a) à vontade do consulente para descobrir o elemento da resposta.
   b) a um dos quatro elementos para descobrir o elemento do arcano.
   c) a um método para descobrir com qual elemento deve-se jogar.
   d) Todas as opções estão corretas.

4) **Para obter uma resposta eficiente do oráculo, deve-se:**
   a) Jogar o tarô com os arcanos maiores e os numerados.
   b) Jogar o tarô com os arcanos menores e a corte.
   c) Jogar o tarô com os arcanos maiores e menores.
   d) Jogar o tarô com a vidência e a intuição.

5) **Os naipes pertencem aos:**
   a) Arcanos menores.
   b) Arcanos da corte.
   c) Arcanos numerados.
   d) Arcanos maiores.

6) **Cada arcano maior se divide em:**
   a) Três elementos.
   b) Um elemento.
   c) Quatro elementos.
   d) Cinco elementos.

7) **A significação oracular dos arcanos da corte é:**
   a) Diferente em todos os tarôs.
   b) Igual no tarô de Crowley e no tarô de Rider-Waite.
   c) Igual apenas nos tarôs clássicos e transculturais.
   d) Igual em qualquer tarô.

8) **O tarô começou a ser estudado pelos ocultistas entre:**
   a) 1400-1600.
   b) 1450-1750.
   c) 1775-1910.
   d) 1650-1850.

9) **Teoricamente, o arcano menor é:**
   a) A manifestação da corte.
   b) A manifestação dos numerados.
   c) A manifestação do arcano maior.
   d) Nenhuma das opções.

10) **O que é o elemento Terra?**
   a) Tudo o que é ligado ao mundo holístico.
   b) Tudo o que está sendo gerado pelo amor.
   c) Tudo o que existe no mundo físico.
   d) Tudo o que é idealizado pelo espírito.

11) **Quais das seguintes opções se associam ao plano mental?**
   a) Amor, desejo, vontade, luxúria.
   b) Construção, casamento, dinheiro, bens.

c) Planejamento, ação, relacionamento, diretriz.
d) Harmonia, perdão, paz, inspiração.

12) **Relacione cada frase a seu plano correspondente nas opções numeradas:**
a) O casamento de João e Maria está ótimo.
b) A relação entre João e Maria está equilibrada.
c) O amor de João por Maria é sublime.
d) Existe muita harmonia entre João e Maria.

1) A situação é relativa ao plano material.
2) A situação é relativa ao plano espiritual.
3) A situação é relativa ao plano mental
4) A situação é relativa ao plano sentimental.

13) **Qual a sequência mais usual do tarô?**
a) 78 cartas – numeradas de 1 a 78.
b) 78 cartas – 22 numerados e 56 sem numeração.
c) 78 cartas – 22 arcanos maiores, 16 cartas da corte + 40 numeradas.
d) 78 cartas – 22 arcanos maiores e 56 arcanos menores.

14) **Em quantos naipes se divide o arcano menor?**
a) Quatro – Moedas, Trevo, Copas, Bastão.
b) Quatro – Ouros, Espadas, Copas, Paus.
c) Quatro – Dados, Moedas, Losango, Gládios.
d) Todas as opções estão corretas.

15) **Em quais planos se divide o arcano maior?**
a) Corpo, psique, emoção e espírito.
b) Terra, Ar, Água e Fogo.
c) Material, mental, sentimental e espiritual.
d) Todas as opções estão corretas.

16) **Qual a estrutura dos arcanos maiores?**
a) 22 arcanos: uma carta com o zero e 21 com letras hebraicas.
b) 22 arcanos: 21 cartas numeradas e uma sem número.
c) 22 arcanos: 22 cartas com letras e números hebraicos.
d) Todas as opções estão corretas.

17) **Qual a estrutura dos arcanos menores?**
   a) 56 arcanos, divididos em quatro séries com quatro cartas da corte e dez numeradas de 1 a 10.
   b) 56 arcanos, divididos em quatro séries com quarenta cartas sem números e 16 com nomes.
   c) 56 arcanos, divididos em quatro séries com 16 cartas com números e quarenta sem nomes.
   d) Todas as opções estão corretas.

18) **Quais as denominações mais comuns nas cartas da corte?**
   a) Príncipe, Princesa, Rei e Rainha.
   b) Pajem, Cavaleiro, Rainha e Rei.
   c) Príncipe, Princesa, Cavaleiro e Rainha.
   d) Pajem, Princesa, Rainha e Rei.

OBS.: Veja o gabarito na página 274; errando, estude a lição correspondente.

Lição 6

Caminho da Vontade

Se você pensou que havíamos terminado o estudo das estruturas, se enganou, meu querido aluno... *Ih! Mas esse cara é chato! Quando vou jogar?* – você deve estar pensando... Bem, não se "apoquente", como se diz no Nordeste. Com o tempo, você perceberá que as estruturas fornecem o verdadeiro significado do tarô em relação à vida humana, nelas reside o autoconhecimento – pense nisso. Pelo fato de inúmeras pessoas não conhecerem a verdadeira estrutura do tarô, terminam por querer estudar cabala, astrologia e numerologia, na tentativa de esclarecer o que são estes enigmáticos símbolos. Se você achou que as lições anteriores foram desnecessárias, pare agora(!) de estudar e dê este livro para alguém que realmente deseje conhecer o tarô para o autoconhecimento e seus jogos.

Se você realmente está propenso a entender o tarô, chegamos ao núcleo tão esperado do curso: os gloriosos arcanos. A partir desta lição, até a Lição 11, aprenderemos o significado de cada um dos arcanos maiores, e, da Lição 12 à 15, o dos arcanos menores.* Jamais esqueça a estrutura apresentada até o momento enquanto os estiver estudando; a cada arcano comece a pensar "tal arcano significa tal coisa

*A partir desta lição é imprescindível o estudo dos arcanos com o tarô que acompanha este livro. Deixe-o sempre ao seu lado e a cada carta analisada observe a simbologia e seus significados.

Você tem anotado em seu caderno de estudo todas as palavras pesquisadas? Não? Então refaça as lições antes de continuar. Seja um bom aluno para ser um maravilhoso tarólogo.

no plano tal". Novamente, eu recomendo não indagar como isso funciona na prática, apenas estude e assimile a linguagem de cada arcano. Quanto às estruturas, desta vez não vou dedicar uma lição inteira somente a conceitos filosóficos, pois fornecerei as bases de cada grupo de arcanos estudado. Lembra quando ensinei que na sequência das cartas nada era aleatório? Pois é, os arcanos de cada conjunto têm objetivos em comum, embora cada um deles esteja fixado numa direção. *Ops! Lá vem bomba!* Calma... Nós vimos que os arcanos maiores contêm 22 cartas e os menores, 56; agora iremos dividir sua estrutura simbólica: os 22 arcanos maiores em seis grupos e os 56 arcanos menores em quatro grupos. Não entendeu? Claro! Ainda não forneci a estrutura completa! Vou dar um exemplo. Chamaremos o primeiro conjunto dos arcanos maiores de Caminho da Vontade. Assim, os arcanos 1, 2, 3, 4 e 5 terão a mesma tônica, ou seja, a de criar sua própria vida, valores, realizações; porém, cada um terá uma forma diferente de expressar a sua vontade. Ficou mais claro? Com o avançar das lições, você dominará todos os conceitos, não se preocupe.

Como disse, denominaremos este primeiro conjunto **Caminho da Vontade** – arcano 1, O Mago; arcano 2, A Sacerdotisa; arcano 3, A Imperatriz; arcano 4, O Imperador; arcano 5, O Sacerdote. Neste caminho, todos os arcanos expressam o livre-arbítrio, o desejo e as escolhas pessoais para sermos felizes. Esse grupo de cartas não se reporta ao carma ou destino, somente ao único desejo pessoal, que pode estar voltado para aquisição, relação, crescimento e/ou manipulação. Todas as cartas desse grupo se referem ao momento em que desejamos algo: namorar, casar, separar, ir ao supermercado ou ao cinema, comprar uma calça, buscar uma nova religião, aprender a jogar o tarô; enfim, são tantas coisas que desejamos, não é verdade? No Caminho da Vontade, todos os arcanos acenam com possibilidades, mas nenhum garante efetivação imediata, sempre há a questão da temporalidade e da dependência de terceiros para a realização final.

Resumindo: para entender o significado global do tarô, precisamos assimilar que os 78 arcanos são como a trajetória de uma situação em todas as suas variações boas e más. Dentro da simbologia do tarô *completo* – digo completo porque muitos pensam que o tarô se resume aos 22 arcanos maiores –, encontraremos grupos de arcanos com uma função generalizada e, dentro desses conjuntos, cada arcano terá seu significado particular. O primeiro conjunto se chama Caminho da Vontade e é formado pelos arcanos 1, 2, 3, 4 e 5, que se reportam ao livre-arbítrio.

Atenção! Os arcanos maiores serão apresentados, primeiramente, através da **tarologia**, que representa o estudo da simbologia clássica que deu origem aos tarôs modernos, transculturais e surrealistas; em seguida, pela **taromancia**, que leva os conceitos básicos para os jogos. Nesta última classificação, faremos a divisão para a leitura no plano material (Terra), mental (Ar), sentimental (Água) ou espiritual (Fogo), acompanhada de uma orientação comum a todos os planos e de uma mensagem específica para métodos que tiverem casas de aconselhamentos, negatividades e/ou empecilhos à questão.

Tarologia: nos tarôs clássicos e modernos, revela um jovem em pé (símbolo do vigor e das aspirações) lidando habilmente com as mãos (símbolo de atitudes pessoais) absorvendo toda a energia criativa universal com seu valioso bastão (símbolo do poder mágico) para emaná-la no plano real e prático (simbolizado pela mesa). Sobre sua cabeça está a *lemniscata*, ou um chapéu (símbolo do infinito e de todas as possibilidades do universo) mas será que tudo isso se encontra em sua mente? O Mago, para criar seu intento – o tarô –, sua obra, sua vida, seu projeto, se utiliza de todas as possibilidades do mundo, simbolizadas pela forma mais rudimentar dos quatro elementos, que irão se manifestar em sua forma mais primorosa no arcano 21, O Mundo:

- ✓ Moeda, pentáculo, dados, pedra ou um touro = elemento TERRA = material, bens, posses (realização prática).
- ✓ Espada, faca, lança, machado ou um anjo = elemento AR = mental, metas, planejamento (realização egoísta).
- ✓ Taça, copo, jarra, cabaça ou uma águia = elemento ÁGUA = sentimental, desejo, intuição (realização vaidosa).
- ✓ Bastão, vareta, caldeirão, raios ou um leão = elemento FOGO = espiritual, aspiração, harmonia (realização perfeita).

Todo o simbolismo desse arcano gera um grande número de possibilidades, muito trabalho, intenso livre-arbítrio, grande criatividade, mas pouquíssima conclusão. Indica sempre o *início* de qualquer atividade: trabalho, namoro, relação, estudo, compra, venda, crenças. Para um melhor entendimento da potencialidade do Mago, pesquise as seguintes palavras: *negociar, especular, prometer, aspirar.*

Taromancia:

1) Material – negociação, promessa, habilidade, possibilidade, especulação pueril, frágil.
2) Mental/Verbal – criatividade, nova ideia, pesquisa rápida, plano inovador .
3) Sentimental – expectativa, vontade, aspiração, desejo frágil, atração efêmera.
4) Espiritual – nova filosofia, busca de estudo transcendental, iniciação mística.

✓ Advertência para os quatro planos – não dispersar, crer em si, analisar os fatos.
✓ Em casa de conselho – ser criativo, flexível e buscar novos projetos.
✓ Em casa negativa – desânimo, inércia, mexerico.

A SACERDOTISA

Tarologia: nos tarôs clássicos e modernos, revela uma mulher (símbolo da intuição e da fecundação) enclausurada em vestes escuras e pesadas, que simbolizam a supressão de sua atração física. Ela segura um livro e/ou chaves, simbolizando que não deseja transmitir nada que não seja o conhecimento da causa necessária. A Sacerdotisa protege o portal do templo sagrado da alma humana, só permitirá a entrada de quem souber decifrar seu enigma: fidelidade e integridade. Esse conjunto simbólico sugere que há uma grande força pessoal retida e que não será revelada facilmente, há um desejo passivo e muita elucubração. A análise e a intuição são por demais profundas nos fatores envolvidos, a busca do conhecimento é pela perfeição, os projetos e as relações são as mais passivas e corretas possíveis. Para um melhor entendimento da potencialidade da Sacerdotisa, pesquise as seguintes palavras: *passividade, reflexão, carência, fidelidade.*

Taromancia:

1) Material – passividade, averiguação, burocracia, inação, sem avanço.
2) Mental/Verbal – planejamento, reflexão, perfeição, segredo sobre o que se deseja.

3) Sentimental – mágoa, ressentimento, carência, introspecção, afeição não expressada.
4) Espiritual – intuição, devoção, conhecimento místico.

✓ Advertência para os quatro planos – o fundamental é agir imediatamente, falar, realizar.
✓ Em casa de conselho – manter a calma, aguardar, analisar com cuidado.
✓ Em casa negativa – precipitação, desacordo, insegurança.

Arcano 3, A Imperatriz

Tarologia: nos tarôs clássicos e modernos, revela uma mulher (símbolo da procriação) representada com roupas mais leves do que as do arcano anterior, simbolizando maior interação com o meio social. O cetro (símbolo de autoridade e poder material) é sua fonte de vontade e desejo. Ao contrário do Imperador, ela segura firmemente o escudo com a águia (símbolo de superioridade e espiritualidade), indicando que protegerá sempre o status em primeiro lugar. A posição no trono mostra que está pronta para atuar: sua intuição é primorosa, sua inteligência é aguçada, seu olhar é felino, nada lhe escapa. Embora esta condição também indique que domina os instintos básicos, na realidade ela não os conhece em profundidade. Esse arcano sugere que se pode projetar e fecundar qualquer coisa, tudo cresce e prospera, pois é o equilíbrio entre a criação (O Mago) e a análise (A Sacerdotisa). Para um melhor entendimento da potencialidade da Imperatriz, pesquise as seguintes palavras: *inspiração, dedução, preservação, desenvolvimento.*

Taromancia:

1) Material – crescimento, prosperidade, promoção, desenvolvimento, aquisição, realização.
2) Mental/Verbal – inteligência, planejamento, capacidade de análise dedutiva, boas ideias.
3) Sentimental – alegria, prazer, desejo, vontade, afeto, carinho.
4) Espiritual – compreensão, meditação, intuição, busca de harmonia.

✓ Advertência para os quatro planos – não mudar absolutamente nada, continuar na ação.
✓ Em casa de conselho – manter o autocontrole em relação a tudo, ter confiança em si.
✓ Em casa negativa – desinteresse, dissimulação, fracasso.

Tarologia: nos tarôs clássicos e modernos, revela um homem (símbolo da força ativa e da autoridade) sentado de pernas cruzadas formando o número quatro, que simboliza o poder sobre a matéria e as direções da vida terrena. Tanto o número quatro quanto o trono representam o cubo, a única forma geométrica criada pelo homem – portanto um símbolo estritamente terrestre; este número por si só já representa o poder material e estático. O conjunto de cetro, coroa e trono representa o símbolo máximo da realização pessoal e social. No desejo de manter a qualquer custo sua posição, será imprescindível reter todos os bens e galgar novas conquistas. O escudo com a águia (símbolo da espiritualidade), por se encontrar a seus pés, retrata que compreensão e respeito não são seu ponto forte. Entretanto, ele poderá utilizá-lo quando se fizer necessário. Esse arcano sugere o poder objetivo, a estabilização de qualquer processo, a legislação, o ponto final da projeção elaborada (A Imperatriz). Para um melhor entendimento da potencialidade do Imperador, pesquise as seguintes palavras: *poder, controle, realização, autoridade.*

Tarologia:

1) Material – manutenção, concretização, poder, autoritarismo, realização.
2) Mental/Verbal – plano objetivo, ideia prática, automoralismo, razão, fixação.

3) Sentimental – possessividade, rigidez, intolerância, falta de afeto, egoísmo.
4) Espiritual – ausência de compreensão, falta de fé, ceticismo, materialismo.

✓ Advertência para os quatro planos – ser condescendente, afável e menos tenso.
✓ Em casa de conselho – manter a autoridade, impor a vontade pessoal.
✓ Em casa negativa – limitação, estagnação, fraqueza.

Arcano 5, O Sacerdote

Tarologia: nos tarôs clássicos e modernos, revela um homem adulto com vestes sacerdotais (símbolo da doutrina espiritual e dos dogmas sociais) ensinando ou advertindo a dois discípulos que se encontram de costas e ajoelhados, simbolizando a necessidade do aprendizado da moral e dos bons costumes. O báculo do Sacerdote (símbolo de autoridade espiritual), e suas mãos expressando bênçãos indicam pleno domínio sobre as pessoas envolvidas. Esse arcano faz clara alusão ao poder espiritual ou moral sobre o mundo material ou social; temos a síntese dos arcanos anteriores, a perfeita qualidade de saber lidar com tudo e com todos. É interessante notar que esse arcano não se reporta à justiça divina, aos movimentos cármicos ou ao mundo espiritual diretamente, mas sim à justiça idealizada e outorgada pelos homens para os homens, suas leis e dogmas sociais, sua condição moral e religiosa. Esse arcano sugere a necessidade de agir na legalidade, dentro da ordem e da moral, e também possibilita a organização e a reclassificação. Para um melhor entendimento da potencialidade do Sacerdote, pesquise as seguintes palavras: *dogma, doutrina, religião, sociedade, moralidade.*

Taromancia:

1) Material – organização, união, sociedade, equilíbrio, reciprocidade, realização.
2) Mental/Verbal – dogma, rigidez, moralidade, unilateralidade, inflexibilidade.
3) Sentimental – amizade, afeto, consideração, lealdade, respeito.
4) Espiritual – espiritualidade, fé, religiosidade, devoção.

✓ Advertência para os quatro planos – agir na legalidade, ouvir as outras pessoas.
✓ Em casa de conselho – reorganizar o meio ambiente, ter fé, crer na vida.
✓ Em casa negativa – equívoco, logro, retardamento.

COMPLEMENTO DESTA LIÇÃO

1. Estude o texto "Tarologia x Taromancia" – Aula eletiva 5, página 244.
2. Não esqueça de ir pesquisando, a cada lição, as palavras do atributo principal de cada arcano:
   - Arcano 1, O Mago – aspirar.
   - Arcano 2, A Sacerdotisa – analisar.
   - Arcano 3, A Imperatriz – desenvolver.
   - Arcano 4, O Imperador – controlar.
   - Arcano 5, O Sacerdote – disciplinar.

Lição 7

Caminho do Livre-Arbítrio

Todos os arcanos do Caminho da Vontade irão se manifestar nesta fase, decidindo qual a melhor forma de continuar com os objetivos, como ou quando realizar a vontade: *temos nosso desejo manifestado e a escolha final determinará um resultado irreversível.* O Caminho do Livre-Arbítrio se refere somente ao arcano 6, O Enamorado. Vamos observar que não existe símbolo de poder pessoal como os do Caminho da Vontade, somente figuras em pé – fixas novamente – com o mesmo estilo de roupa e um cupido, ou Eros, acima deles. Neste caminho, por exemplo, estamos decidindo com quem ficar, para qual universidade faremos vestibular, qual a marca e a cor do carro a ser comprado, como ajudar a família, a que horas falaremos com um amigo. O tempo futuro nos arcanos do Caminho da Vontade (irei adquirir) tornou presente a possibilidade de realizar o desejo (estou adquirindo). A partir de nossa escolha, os resultados poderão ser positivos ou negativos; portanto, a partir do Caminho do Livre-Arbítrio surgirão três possibilidades:

- se eu acertar, seguirei pelo Caminho do Prazer (Lição 8);
- se eu errar, serei obrigado a transitar pelo Caminho da Dor (Lição 9);
- se eu tiver experiência, optarei pelo Caminho da Esperança (Lição 10).

Tarologia: nos tarôs clássicos e modernos, revela que a figura do Sol (símbolo da consciência e da verdade) está encoberta por Eros, (símbolo da paixão) que retesa seu arco para atirar a flecha embebida pelo veneno do desejo. Tal simbolismo é uma advertência de que o livre-arbítrio está terminando e as decisões se tornam urgentes. As pessoas figuradas, *que não se tocam reciprocamente*, parecem estar num triângulo de possibilidades. Difícil saber quem terá que decidir, o homem ou as mulheres: todos estão envolvidos. De qualquer forma, este é um momento importante, pois uma vez escolhido o caminho, não haverá retorno. *A liberdade tem o seu preço – o livre-arbítrio; e o livre-arbítrio tem o seu peso: a escolha do caminho correto!* Mas pelo quê devemos optar? Pelos dogmas sociais ou por nós mesmos? Onde se encontra a razão quando o desejo invade o coração? As escolhas devem ser regidas pela intuição e pela inspiração. Esse arcano sugere as nossas escolhas diárias entre duas situações, duas possibilidades e uma única conclusão. É o arcano da beleza, do amor, da união, da harmonia e principalmente de nossas decisões mais urgentes para a projeção da vida. Para um melhor entendimento da potencialidade do Enamorado, pesquise as seguintes palavras: *opção, amor, intuição, encontrar.*

Taromancia:

1. Material – encontro, benefício, ofertas múltiplas, união, promoção, vantagens.
2. Mental/Verbal – dúvida, indecisão, opção, conflito, hesitação, muitas possibiliades.
3. Sentimental – amor, afeto, alegria, felicidade, desejo.
4. Espiritual – intuição, canalização, mediunidade, devoção.

✓ Advertência para os quatro planos – agir de acordo com a consciência, evitar a emoção.
✓ Em casa de conselho – buscar a paz, a união entre os opostos, reconciliação.
✓ Em casa negativa – desacordo, separação, insatisfação.

COMPLEMENTO DESTA LIÇÃO

1. Não esqueça de ir pesquisando, a cada lição, as palavras do atributo principal de cada arcano:
   - Arcano 6, O Enamorado – escolher.

AVALIAÇÃO 3

LIÇÕES 6 E 7

1) **Qual a função da tarologia?**
   a) Estudar os símbolos da astrologia.
   b) Estudar os símbolos do tarô.
   c) Estudar os símbolos da numerologia.
   d) Estudar os símbolos das runas.

2) **O que é taromancia?**
   a) O conceito de ler um mapa astral para a orientação da vida.
   b) A fórmula de desvendar um pináculo para a orientação do futuro.
   c) A diretriz para a leitura das runas para a orientação do momento.
   d) A leitura dos jogos de tarô para a orientação pessoal.

3) **O que é necessário para ser um bom tarólogo?**
   a) Ter vidência, uma entidade espiritual e um guru.
   b) Ter intuição, vidência e sensibilidade.
   c) Ter ética e estudar a simbologia e os métodos do tarô.
   d) Ter uma religião ou ser membro de uma fraternidade ou centro espírita.

4) **Quais as áreas desenvolvidas pela tarologia?**
   a) Meditação, psicologia, alquimia e filosofia.
   b) Alquimia, numerologia, mitologia e meditação.
   c) Terapia, cabala, magia e astrologia.
   d) Autoconhecimento, meditação, terapia e orientação.

5) **Qual a função da taromancia?**
   a) Buscar o autoconhecimento e a terapia.
   b) Buscar a orientação, o aprendizado e a evolução.
   c) Buscar a filosofia e o autoconhecimento.
   d) Buscar a orientação da sorte no futuro.

6) **Quando executamos a taromancia, dizemos:**
   a) Estou abrindo as cartas para orientar sua vida.
   b) Estou lendo as lâminas para desvendar seus problemas.
   c) Estou jogando os arcanos para ler sua trajetória.
   d) Todas as opções estão corretas.

7) **O Caminho da Vontade é composto por quais arcanos?**
   a) 17, 18, 19, 20, 21.
   b) 7, 8, 9, 10, 11.
   c) 1, 2, 3, 4, 5.
   d) 12, 13, 14, 15, 16.

8) **O Caminho do Livre-Arbítrio é representado por qual arcano?**
   a) 16.
   b) 6.
   c) 17.
   d) 21.

9) **O Caminho da Vontade simboliza:**
   a) As dificuldades da vida para conseguir o que se deseja.
   b) As facilidades de realizar o que se deseja.
   c) As idealizações para conquistar o que se deseja.
   d) A realização de tudo o que se deseja.

10) **Associe as frases a seguir:**
   a) O arcano 1 é denominado...
   b) O arcano 2 é denominado...
   c) O arcano 3 é denominado...
   d) O arcano 4 é denominado...
   e) O arcano 5 é denominado...
   f) O arcano 6 é denominado...

      1) O Enamorado.
      2) A Sacerdotisa.
      3) O Imperador.
      4) A Imperatriz.
      5) O Mago.
      6) O Sacerdote.

11) **O arcano 1, O Mago, tem qual leitura no plano material?**
   a) Contrato, financiamento, empréstimo.
   b) Investigação, visitação, negociação.
   c) Crescimento, promoção, preservação.
   d) Oportunidade, benefício, oferta.

12) **O arcano 2, A Sacerdotisa, tem qual leitura no plano sentimental?**
   a) Alegria, prazer, desejo.
   b) Vontade, expectativa, fragilidade.
   c) Privação, carência, mágoa.
   d) Afeto, lealdade, respeito.

13) **O arcano 3, A Imperatriz, tem qual leitura no plano espiritual?**
   a) Intuição, fé, devoção.
   b) Neófito, iniciação, nova filosofia.
   c) Ceticismo, ausência, incompreensão.
   d) Intuição, meditação, criação.

14) **O arcano 4, O Imperador, tem qual leitura no plano mental?**
   a) Pesquisa, criação, criatividade.
   b) Praticidade, objetividade, racionalidade.
   c) Moralidade, dogma, rigidez.
   d) Indecisão, opção, escolha.

15) **O arcano 5, O Sacerdote, tem qual orientação adicional?**
   a) Deve-se agir imediatamente e expressar o que se deseja.
   b) Deve-se crer nos projetos e não dispersar os objetivos.
   c) Deve-se ser condescendente e harmonioso com o ambiente.
   d) Deve-se ser mais flexível e ouvir a opinião alheia.

16) **O arcano 6, O Enamorado, tem qual valor em casas negativas?**
   a) Desacordo, insatisfação, desilusão.
   b) Precipitação, irreflexão, presunção.

c) Fofocas, desânimo, inação.
d) Estagnação, desajuste, limitação.

17) **Relacione o arcano com seu verbo:**
a) Arcano 1, O Mago...
b) Arcano 2, A Sacerdotisa...
c) Arcano 3, A Imperatriz...
d) Arcano 4, O Imperador...
e) Arcano 5, O Sacerdote...
f) Arcano 6, O Enamorado...

1) desenvolver.
2) escolher.
3) idealizar.
4) controlar.
5) disciplinar.
6) analisar.

18) **Qual a diferença entre o arcano 4, O Imperador, e o arcano 5, O Sacerdote?**
a) Um tem a opressão e o outro, a ordem.
b) Um tem a autoridade e o outro, o dogma.
c) Um tem o poder legislativo e o outro, o poder judiciário.
d) Todas as opções estão corretas.

OBS.: Veja o gabarito na página 275; errando, estude a lição correspondente.

Lição 8

Caminho do Prazer

O Caminho do Prazer é representado por: arcano 7, O Carro; arcano 8, A Justiça; arcano 9, O Eremita; arcano 10, A Roda da Fortuna; arcano 11, A Força. Vamos observar que o primeiro arcano desse caminho (7) contém os mesmos símbolos de poder dos arcanos do Caminho da Vontade – cetro, coroa, roupas, luxo, status; porém, enquanto os primeiros arcanos estavam estáticos, agora encontramos um movimento: as escolhas do arcano 6 (Caminho do Livre-Arbítrio) foram direcionadas e são realizadas na temporalidade presente, imediatamente. Os possíveis percalços são conhecidos e transpostos; nada impedirá a conclusão e as possíveis mudanças serão contornadas. Contudo, toda realização é acompanhada da responsabilidade pessoal e/ou social e de sua manutenção, apesar dos percalços ao longo do tempo.

Não é extasiante a celebração de um casamento? Sim! Mas o que acontece depois? Temos a obrigação de prover a família e ter uma conduta moral. Mas é só isso? Não! Existe a labuta com os desafios trazidos pelo tempo, com os obstáculos da rotina. Mas é só isso? Não! Também temos a vinda dos filhos, mudança de casa, de trabalho; enfim, quantas coisas temos que fazer para manter um casamento? Muitas! Porém, é nosso desejo, vontade e prazer mantê-lo para preservar a instituição familiar, não é? O mesmo se processa quando compramos um carro: ficamos felizes quando o adquirimos. Mas... e depois? Temos a responsabilidade de colocar combustível, cuidar do motor, lavar, limpar. E quando ocorre um defeito, não ficamos aborrecidos? Consertamos e voltamos a ficar satisfeitos. Não é uma alegria imensa sermos admitidos numa universidade? Sim! Mas para adquirirmos o diploma, temos que estudar muitos anos! Não é difícil a labuta com o estudo? Sim! Porém, ultrapassamos todos os obstáculos dos exames porque queremos manter nosso prazer: nos tornarmos profissionais!

Arcano 7, O Carro

Tarologia: nos tarôs clássicos e modernos, revela um homem em movimento, dirigindo uma biga ou carruagem, simbolizando a força controlada e direcionada. Ele está vestindo uma rica roupa, e usa o cetro e a coroa, já vistos nos arcanos anteriores como símbolos do poder material e pessoal. A roda (símbolo do movimento e do futuro) e o cavalo (símbolo da força adestrada) vão para qualquer lugar que se deseje. Embora os cavalos pareçam ir em direções diferentes, o auriga os comanda corretamente, ele tem o poder da direção bem planejada. A base irregular do terreno indica um caminho novo e árduo, simbolizando que se avança com destreza, certeza e desenvoltura. Esse arcano sugere o momento em que estamos com a vida bem planejada, anunciando a vitória e o progresso do que se deseja; indica novas metas ou oportunidades. Para um melhor entendimento da potencialidade do Carro, pesquise as seguintes palavras: *direcionar, impulsionar, progresso, determinação.*

Taromancia:

1) Material – progresso, vitória, desenvolvimento, segurança, realização, poder.
2) Mental/Verbal – determinação, criatividade, planejamento, continuidade, inteligência aguçada.
3) Sentimental – atração, magnetismo, impulsividade, desejo incontrolável.
4) Espiritual – poder e controle mental, mediunidade, força mística.

✓ Advertência para os quatro planos – o caminho é correto, mas se deve ir com moderação.
✓ Em casa de conselho – manter tudo como se deseja, direcionar a vida.
✓ Em casa negativa – inércia, obstáculo, irreflexão.

Arcano 8, A Justiça

Tarologia: nos tarôs clássicos e modernos, revela uma mulher (símbolo da elucubração e da passividade) que está sentada e ereta, expressando muita paciência. Seus braços estão abertos e suas mãos seguram uma balança (símbolo da justiça e do equilíbrio) e uma espada com a lâmina para cima (símbolo da decisão, da bênção e da morte). Ela está sentada num trono, indicando que tem o poder de

administração e gerenciamento. Sua atitude demonstra frieza, imparcialidade e advertência. A justiça terrena, a lei dos homens, se diz cega; nesse arcano, a condição da "justiça" é, antes de tudo, a lei de causa e efeito, como diz um antigo provérbio: "Olho por olho, dente por dente." Esse arcano sugere muita ponderação, pois é um momento para se refletir sobre as atitudes; também indica austeridade, fim das ilusões, processos cíclicos, mudanças, ordem moral, acautelamento. Para um melhor entendimento da potencialidade da Justiça, pesquise as seguintes palavras: *racional, lei, justiça, cautela.*

Taromancia:

1) Material – busca da ordem, da mudança ou do equilíbrio, dificuldades, obstáculos, problemas.
2) Mental/Verbal – organização, planejamento, racionalidade, ponderação.
3) Sentimental – frieza, distanciamento, imparcialidade, respeito, diplomacia.
4) Espiritual – proteção, equilíbrio, harmonia.

✓ Advertência para os quatro planos – observar todos os prós e contras, ter cautela.
✓ Em casa de conselho – ser mais racional, frio e imparcial com os fatos.
✓ Em casa negativa – prejuízo, orgulho, intolerância.

O EREMITA

Tarologia: nos tarôs clássicos e modernos, revela um homem idoso (símbolo da experiência de vida e da sabedoria humana). Ele usa uma lanterna (símbolo do conhecimento adquirido pelo esforço próprio), que ilumina pequenas áreas (símbolo da dimensão e da expansão), para saber por onde ir. Ele já conhece todos os caminhos da vida, seus percalços e obstáculos. Contudo, se apoia em um cajado (símbolo da prudência e da aptidão) para se localizar e afastar os infortúnios. Esse arcano traz o equilíbrio necessário ao ser humano para a busca de seu autoconhecimento e do progresso em longo prazo. Sugere prudência, lentidão, silêncio e, principalmente, a procura pela iluminação interior. Para um melhor entendimento da potencialidade do Eremita, pesquise as seguintes palavras: *prudência, obstáculos, sabedoria, pesquisar.*

Taromancia:

1) Material – progresso lento, obstáculo superável, realização em longo prazo, adiamento, burocracia.
2) Mental/Verbal – planejamento, prudência, estudo e pesquisa para uma nova vida.
3) Sentimental – afeto, paz, calma, interiorização, respeito, lealdade.
4) Espiritual – intuição, aprofundamento, iluminação, mediunidade.

- ✓ Advertência para os quatro planos – tentar agilizar os fatos, nunca desistir.
- ✓ Em casa de conselho – ter paciência, calma, perdoar e seguir em frente.
- ✓ Em casa negativa – esterilidade, retrocesso, falta de tempo hábil.

Arcano 10, A Roda da Fortuna

Tarologia: nos tarôs clássicos e modernos, revela uma esfinge, um dos legados mais complexos que os antigos sábios nos deixaram. Representa o símbolo absoluto do destino: "Decifra-me ou te devoro." Seus atributos simbólicos são: a cabeça que recomenda Saber; as garras, que mandam Ousar; os flancos, que determinam o Querer; e as asas, que solicitam o Calar. Ela segura uma espada flamejante (símbolo da mais alta espiritualidade e superioridade humana) e usa uma coroa (símbolo da autoridade material). Assim, determina quem subirá ou quem descerá no caos da vida. A figura que sobe é o gênio das forças construtivas, enquanto quem desce é o das forças destrutivas; o bem e o mal operando o equilíbrio universal, a transmutação do ativo para o passivo ou vice-versa. Dessa forma, temos a imagem de que nada se mantém em seu apogeu como também nada permanece na decadência. Tudo é transitório, tudo é passageiro, tudo é cíclico. Esse arcano sugere as mudanças rápidas e inevitáveis, a instabilidade, o resultado da lei imutável de causa e efeito (arcano 8). Para um melhor entendimento da potencialidade da Roda da Fortuna, pesquise as seguintes palavras: *destino, fortuna, mudança, instabilidade, nervosismo.*

Taromancia:

1) Material – mudança, instabilidade, transferência, alteração, obstáculo.
2) Mental/Verbal – incoerência, plano desconexo, ideias sem conclusão, confusão, excesso, tormento.
3) Sentimental – ansiedade, nervosismo, nova emoção, agitação, inquietação, desgaste emocional.
4) Espiritual – interferência, negatividade, desproteção.

✓ Advertência para os quatro planos – deve-se procurar ter calma e renovar os objetivos.
✓ Em casa de conselho – deixar o destino fluir, não impedir nada, aceitar.
✓ Em casa negativa – interrupção, dificuldade, inação.

Tarologia: nos tarôs clássicos e modernos, revela uma mulher (símbolo da suavidade e da sutileza) que domina sem esforço as mandíbulas de um leão (símbolo da supremacia instintiva, do poder e da virilidade). Um ser superior controlando sem crueldade um ser inferior, o domínio sobre os instintos; a força do ego atuando sobre a vida. A *lemniscata*, símbolo do infinito e eternidade, indica que as vontades iniciadas no arcano 1, também com o mesmo símbolo, foram completadas. Esse arcano sugere o domínio da vida e dos sentimentos, legítimos direitos, poder de conquista, magnetismo, equilíbrio e estabilização. Para um melhor entendimento da potencialidade da Força, pesquise as seguintes palavras: *domínio, equilíbrio, vitalidade, sutileza.*

Taromancia:

1) Material – domínio, empreendimento, administração, sucesso, promoção, realização.
2) Mental/Verbal – inteligência, paciência, projeto real, praticidade, flexibilidade.
3) Sentimental – forte desejo, afetividade, amor, magnetismo.
4) Espiritual – proteção, poder mental e místico, crescimento.

- ✓ Advertência para os quatro planos – aceitar todos os limites, dar valor ao próximo.
- ✓ Em casa de conselho – ser forte, manter o amor-próprio, dominar.
- ✓ Em casa negativa – descontrole, impaciência, repressão.

COMPLEMENTO DESTA LIÇÃO

1. Estude o texto "Nomes e imagens" – Aula eletiva 6, página 249.
2. Na medida do possível, durante o curso, a cada arcano estudado, pesquise as palavras do atributo principal para melhor compreensão:
   - Arcano 7, O Carro – direcionar.
   - Arcano 8, A Justiça – ajustar.
   - Arcano 9, O Eremita – pesquisar.
   - Arcano 10, A Roda da Fortuna – alterar.
   - Arcano 11, A Força – dominar.

Lição 9

Caminho da Dor

O Caminho da Dor transcorre por meio do arcano 12, O Pendurado; do arcano 13, A Morte; do arcano 14, A Temperança; do arcano 15, O Diabo, e do arcano 16, A Torre. Vamos observar que o primeiro arcano (12) desse caminho não contém símbolo de poder pessoal, como vimos nos arcanos anteriores; além disso, está em posição invertida, pendurado, amarrado, impossibilitado. No último arcano (16), novamente observamos o homem em posição invertida, desta vez, sendo jogado ao chão, desamarrado e em meio a uma tempestade. Assim, a dor existe porque a vontade não está sendo alimentada, o amor não é nutrido, o sonho não é realizado! Nesse caminho, vivemos nossa utopia, nosso orgulho, nossa vaidade; diariamente nutrimos a dor da ilusão, da mudança, do tempo, da ambição, da perda. Existe um fino véu que separa o sonho da ilusão, confundindo nossas aspirações com devaneios. Esses arcanos revelam que terceiros estão se opondo ao nosso desejo, o que pode significar o próprio destino, o carma ou a vontade diferente dos outros. Como este caminho pode ser acessado por duas vias distintas, fornecerei exemplos específicos de cada uma delas:

- No resultado do Caminho do Prazer (arcanos 7, 8, 9, 10, 11) ao tentar manter tudo sob a mesma visão pessoal, não desejar acompanhar as responsabilidades e o respeito ao próximo, terminarei por perder o controle sobre a realidade.

Por exemplo: contraí um matrimônio, mas quero manter uma vida de solteiro ou dominar o parceiro da forma exata como desejo: "Tem que ler na minha cartilha!" Conclusão: perda e dissolução! "Quero manter os filhos sob o jugo familiar, escolhendo sua profissão, seus companheiros, seus amigos. Conclusão: perda e abandono!

- No resultado do Caminho do Livre-Arbítrio (arcano 6), a minha escolha foi errada, a minha vontade não se realizará a contento. Por exemplo: tive o desejo de comprar um carro, e mesmo verificando que não tenho como atender às condições de pagamento, pretendo continuar tentando a vida toda! Estava querendo namorar uma pessoa, cortejei-a, mas não consegui conquistá-la; porém, vou tentar mais vezes: "Essa pessoa vai ser minha de qualquer jeito, não consigo esquecê-la!"

Arcano 12, O Pendurado

Tarologia: nos tarôs clássicos e modernos, revela um homem (símbolo da atividade e do conhecimento) pendurado pelo pé, simbolizando sacrifício e renúncia. A perna (símbolo da ação e do movimento planejado) está dobrada, aludindo à total impossibilidade de conquista. As mãos (símbolo de atitudes e destreza) estão viradas para a parte de trás do corpo, sem nenhuma ação, indicando que não há iniciativa e nem possibilidade de realização. Nesse arcano, a vida foi cessada, não há chances de recuperação e nem de vitalização. Toda força material foi excluída; todo planejamento, anulado. Assim, só restam as forças espirituais para a contemplação e pedido de ajuda. Refletir, resignar-se, meditar e orar são extremamente importantes para que possamos receber a luz divina, uma intuição, uma saída para o caos instalado, que levará à descoberta de nossos limites pessoais. Esse arcano sugere renúncia, abandono, fracasso, ilusões, utopia, indecisão. Para um melhor entendimento da potencialidade do Pendurado, pesquise as seguintes palavras: *resignação, utopia, ilusão, mártir.*

Taromancia:

1) Material – impossibilidade, dificuldade, erro, inércia, obstáculo, irrealização.
2) Mental/Verbal – obsessão, utopia, perturbação, busca da perfeição moral, erro de julgamento, pensamento no passado.
3) Sentimental – amargura, aflição, sofrimento, amor cego, agonia, nostalgia.
4) Espiritual – renúncia, devoção, filantropia, abnegação, religiosidade.

✓ Advertência para os quatro planos – ter amor-próprio, mudar o paradigma da vida.
✓ Em casa de conselho – calar, meditar, não fazer nada, orar.
✓ Em casa negativa – abertura, desenvolvimento, liberdade.

Tarologia: nos tarôs clássicos e modernos, revela um esqueleto (símbolo da perpetuação, da preservação da espécie e da duração da vida) segurando uma foice (símbolo da morte e da colheita) denotando um momento dinâmico e urgente de autocontrole. A cabeça coroada cortada simboliza que a forma de pensar está mudando; as mãos cortadas simbolizam que há transformações nas atitudes, os pés cortados simbolizam que toda forma antiquada de vida está sendo eliminada; tudo sugere o florescimento de novos valores através da dor autoimposta. Esse arcano, também chamado de O Ceifador, representa o rompimento definitivo com o passado para que nasça uma nova vida repleta de novidades – a *dor faz parte da vida, o sofrimento é opção de cada um.* Também sugere verdades, transformações, rompimentos de valores e/ou ilusões, fim de ciclo e indica prosperidade futura. Para um melhor entendimento da potencialidade da Morte, pesquise as seguintes palavras: *mudança, transformação, raiva, ceticismo, melancolia.*

Taromancia:

1) Material – modificação, mudança, alteração (tudo é originado pelo consulente); obstáculo superável, caminhos diferentes.

2) Mental/Verbal – análise crítica, lucidez, objetividade, reorganização.
3) Sentimental – melancolia, tristeza, rancor, desamor, distanciamento, amargura.
4) Espiritual – medo, falta de fé, ceticismo, afastamento religioso.

✓ Advertência para os quatro planos – ser mais moderado, reflexivo, calmo.
✓ Em casa de conselho – fazer as mutações necessárias, eliminar o passado, replanejar o futuro.
✓ Em casa negativa – imobilidade, fracasso, vaidade.

Arcano 14, A Temperança

Tarologia: nos tarôs clássicos e modernos, revela um anjo de duas asas, elo entre os homens e as hierarquias angelicais superiores, portanto símbolo de conforto e ajuda espiritual. Encontra-se tocando o solo, denotando intervenção e proteção espiritual. Ele segura dois jarros (símbolo dos sentimentos) com cores opostas que simbolizam a dualidade universal (positivo/negativo, ativo/passivo, consciente/inconsciente). O anjo está temperando as forças opostas através da água (símbolo do fluxo da vida e do movimento espiritual do homem) que simboliza a passagem do sentimento à razão, do emocional ao mental, do espiritual ao físico, e vice-versa. O tempo e a transmutação são fenômenos pertencentes aos mistérios divinos, tentar controlá-los implica ir além dos limites da realidade tridimensional e viver em um plano atemporal. Esse arcano sugere adaptação, trégua, reflexão, conciliação, estados de passividade, inércia, tempos e distâncias longas. Para um melhor entendimento da potencialidade da Temperança, pesquise as seguintes palavras: *temperança, alquimia, transmutação, trégua, temporalidade.*

Taromancia:

1) Material – lentidão, conciliação, trégua, realização demorada, obstáculo, burocracia.
2) Mental/Verbal – reflexão, adaptação, longo planejamento, ponderação excessiva.
3) Sentimental – tédio, marasmo, enfado, sublimação, passividade amorosa.
4) Espiritual – proteção angelical, cura, poder, mediunidade, poder de autocura.

✓ Advertência para os quatro planos – se tiver paciência, manter os ideais até o fim.
✓ Em casa de conselho – ser moderado, aceitar a limitação do tempo, esperar.
✓ Em casa negativa – precipitação, desunião, discórdia.

Tarologia: nos tarôs clássicos e modernos, revela a figura mítica do diabo, símbolo do desejo, da ambição, do poder, do sexo, da fortuna e também do orgulho, da preguiça, da cobiça, da luxúria, da lascívia, da gula. Suas mãos indicam controle sobre todas as direções, sinalizando que tem o poder de criar e destruir, dependendo do que se faça. As duas figuras amarradas aos pés do diabo serão colaboradores ou prisioneiros? Eles são os símbolos de nossos desejos carnais que não podemos aniquilar: quanto mais os rejeitamos mais prisioneiros ficamos da bestialidade. Vivenciar a dualidade do ser, os extremos emocionais, conhecendo todos os limites, para então dominar e não ser dominado, é a grande lição de nossa vida terrestre. Esse arcano sugere o desejo e a ambição do poder material e espiritual. Para um melhor entendimento da potencialidade do Diabo, pesquise as seguintes palavras: *paixão, prazer, ambição, desejo, vaidade.*

Taromancia:

1) Material – poder, domínio, diversão, realização, investimentos, ganhos.
2) Mental/Verbal – sagacidade, ardilosidade, inteligência, perspicácia, controle.
3) Sentimental – paixão, vontade, prazer, egoísmo, possessividade, atração.

4) Espiritual – displicência, intensidade, poder místico e mágico.

- ✓ Advertência para os quatro planos – moderar a ambição, refletir, aceitar os limites sociais.
- ✓ Em casa de conselho – ser mais audacioso, apaixonado na vida, buscar o prazer pessoal.
- ✓ Em casa negativa – degeneração, fracasso, desilusão.

Arcano 16, A Torre

Tarologia: nos tarôs clássicos e modernos, revela a estrutura de uma torre – símbolo da empáfia humana de pretender chegar à morada dos deuses – e também símbolo dos segredos, do poder, da repressão, da religião, da opulência, da vaidade e do orgulho. O céu escuro e nublado representa desesperança, angústia e sofrimento. O raio, força dominante da natureza sobre o homem, é o símbolo da consagração divina ou da fúria celestial; ele gera e destrói – é vida e morte simultaneamente e, nesse arcano, representa a ruptura do poder e do status. Os dois seres caindo da torre serão os mesmos do arcano 15? Isso significa que estão se libertando das amarras ou será a destruição delas? Eles tocam o chão, ao contrário da figura no arcano 12, e passam a ter a noção da realidade dura e cruel – não há mais coroas, cetros, roupas suntuosas, nada. Descobriu-se a real causa da dor – formas estruturais obsoletas, couraças psíquicas programadas, ilusão, erros do passado. Tudo deve ser literalmente reconstruído. Esse arcano sugere libertação, mudança, dissipação, rompimento; ele anuncia que não haverá retorno perante os fatos e que um mundo melhor se abrirá no futuro. Para um melhor entendimento da potencialidade da Torre, pesquise as seguintes palavras: *ruptura, dor, desespero, obsessão.*

Taromancia:

1) Material – dissolução, obstáculo intransponível, realização com prejuízo (tudo causado por terceiros); dificuldade, perda, irrealização.
2) Mental/Verbal – obsessão, decepção, confusão, irracionalidade, incompreensão.
3) Sentimental – desilusão, medo, sofrimento, abandono, amor ao passado, desespero, amargor.
4) Espiritual – fé cega, fanatismo, credulidade, desproteção.

✓ Advertência para os quatro planos – perdoar a si e aos outros, ter fé, rever a nova vida.
✓ Em casa de conselho – fazer todas as mudanças, romper definitivamente com o passado.
✓ Em casa negativa – não há obstáculos, construção, fortalecimento.

COMPLEMENTO DESTA LIÇÃO

1. Na medida do possível, durante o curso, a cada arcano estudado, pesquise as palavras do atributo principal para melhor compreensão:
   - Arcano 12, O Pendurado – resignar.
   - Arcano 13, A Morte – modificar.
   - Arcano 14, A Temperança – reconciliar.
   - Arcano 15, O Diabo – desejar.
   - Arcano 16, A Torre – dissolver.

Avaliação 4

Lições 8 e 9

1) **Quais dos seguintes arcanos estão no Caminho do Prazer?**
   a) 1, 2, 3, 4, 5.
   b) 7, 8, 9, 10, 11.
   c) 12, 13, 14, 15, 16.
   d) 18, 19, 20, 21 + sem número.

2) **Qual o significado dos arcanos do Caminho da Dor?**
   a) O desejo e a vontade estão sendo realizados unicamente pelo livre-arbítrio.
   b) O desejo e a vontade são de difícil realização, mas serão concluídos a todo custo.
   c) O desejo e a vontade estão em harmonia com as pessoas e o destino.
   d) O desejo e a vontade estão impedidos de se realizar e deve-se mudar o paradigma.

3) **Quais os objetivos dos arcanos do Caminho do Prazer?**
   a) Abrir caminho a qualquer preço.
   b) Realizar toda vontade a todo custo.
   c) Garantir a satisfação do que está sendo realizado.
   d) Controlar os reveses do futuro.

4) **Associe o nome comum do arcano à sua numeração.**
   a) O Carro.
   b) A Justiça.
   c) O Eremita.
   d) A Roda da Fortuna.
   e) A Força.

      1) Arcano 9.
      2) Arcano 11.

3) Arcano 10.
4) Arcano 8.
5) Arcano 7.

5) **Quais das seguintes nominações se aplicam ao arcano 12?**
   a) Enforcado ou Apostolado.
   b) Pendurado ou Sacrificado.
   c) Crucificado ou Dependurado.
   d) Todas as opções estão corretas.

6) **Quais dos seguintes arcanos compõem o Caminho da Dor?**
   a) 1, 5, 10, 12, 15.
   b) 2, 4, 7, 9, 10, 11.
   c) 3, 8, 9, 12, 14, 16.
   d) 12, 13, 14, 15, 16.

7) **Associe o número do arcano ao seu nome comum.**
   a) Arcano 12.
   b) Arcano 13.
   c) Arcano 14.
   d) Arcano 15.
   e) Arcano 16.

   1) A Morte.
   2) A Torre.
   3) O Pendurado.
   4) A Temperança.
   5) O Diabo.

8) **O que é necessário para se conhecer um arcano?**
   a) Entender sua estrutura e simbologia.
   b) Decorar seu nome e número.
   c) Entender apenas seu nome.
   d) Decorar sua simbologia.

9) **O arcano 7 tem qual leitura no plano sentimental da pessoa amada?**
   a) A paz interior e a harmonia do parceiro.
   b) A frieza e o distanciamento do parceiro.

c) A impulsividade e o desejo do parceiro.
d) A angústia e o sofrimento do parceiro.

10) O arcano 8 tem qual conselho no plano material?
a) Todos os obstáculos serão vencidos.
b) Tudo deve ser administrado com muita cautela.
c) Não há remota possibilidade de conclusão.
d) A conclusão é demorada, mas é garantida.

11) O arcano 9 tem qual leitura no plano mental?
a) Planeja-se tudo com muita paciência e sabedoria.
b) Planeja-se tudo com muita incoerência e dispersão.
c) Planeja-se tudo com extrema reflexão e racionalidade.
d) Planeja-se tudo com muita objetividade e rapidez.

12) O arcano 10 tem qual leitura no plano sentimental do consulente?
a) O coração se encontra em paz com o parceiro.
b) O coração se encontra com afeto pelo parceiro.
c) O coração se encontra na expectativa com o parceiro.
d) O coração se encontra muito ansioso com o parceiro.

13) O arcano 11 tem qual leitura no plano espiritual?
a) O mundo espiritual se encontra protegido e afinado com os mestres.
b) O mundo espiritual se encontra negativado e precisa de orações.
c) O mundo espiritual se encontra fortalecido e protegido pelos anjos.
d) O mundo espiritual se encontra distanciado e deve-se crer na vida.

14) O arcano 12 tem qual leitura no plano material?
a) Tudo que se deseja será realizado imediatamente.
b) Tudo que se deseja será realizado no longo prazo.
c) Tudo que se deseja será realizado com sacrifício.
d) Tudo que se deseja é irrealizável, é um erro.

15) **O arcano 13 tem qual leitura em casas de conselhos?**
   a) Deve-se ter muita cautela em todos os empreendimentos.
   b) Deve-se manter tudo como se deseja e planeja.
   c) Deve-se eliminar o passado e replanejar o futuro.
   d) Deve-se manter a calma e esperar um tempo melhor.

16) **O arcano 14 tem qual leitura em casas negativas?**
   a) A situação apresenta grandes obstáculos a serem vencidos.
   b) Há muita precipitação na situação e o desacordo é iminente.
   c) A situação está parada e dificilmente haverá continuidade.
   d) Os caminhos da situação estão abertos e nada atrapalhará.

17) **O arcano 15 tem qual leitura em casas negativas?**
   a) Existe falta de motivação e de ideias práticas.
   b) Existe falta de acordo e de aceitação de uma nova fase.
   c) Existe falta de coragem e de elaboração dos fatos.
   d) Existe falta de desejo e de vontade de continuar.

18) **O arcano 16 tem qual leitura de orientação para todos os planos?**
   a) O caminho está correto, deve-se manter os objetivos até a realização.
   b) O caminho está fechado, deve-se esquecer e seguir um novo futuro.
   c) O caminho está impedido, deve-se pensar em outra saída.
   d) O caminho está aberto, deve-se continuar e lutar até o fim.

OBS.: Veja o gabarito na página 275; errando, estude a lição correspondente.

Lição 10

Caminho da Esperança

Dentro da estrutura do tarô, temos agora, realmente, um glorioso passo: o Caminho da Esperança por meio do arcano 17, A Estrela. Vamos observar que é o primeiro arcano em que um personagem está nu, que é a primeira vez que toda a divina natureza é retratada. As águas dos jarros do arcano 14, os desejos retidos, agora são despejados no rio. Tudo está sendo diluído, o despojamento é total nessa fase, não há mais dores do passado, somente alegria de um futuro novo! Temos a aspiração mais profunda do espírito: *acreditar na vida e em Deus, não importa em que nível estejamos.* Quando aprendemos a sentir a esperança em toda sua plenitude, ligamo-nos imediatamente com o Caminho da Vontade e o do Livre-Arbítrio, deixamos para trás todas as possibilidades do prazer e da dor, buscando uma melhor qualidade de vida. A partir dessa fase podemos, finalmente, tomar decisões seletivas e corretas; dessa vez, mesmo se escolhermos vias "não muito certas", saberemos retornar, perdoar, pedir desculpas e seguir pelo caminho verdadeiro de nossa evolução espiritual. Afinal, somos humanos e podemos errar a qualquer momento, mas o orgulho não deve prevalecer sobre um erro, e um erro não desculpa outro. Por exemplo: aprendemos no Caminho da Dor que não podemos comprar o que não temos condições de pagar, que não podemos ter uma imagem social sem os recursos necessários, que para manter um casamento é essencial haver integração e fidelidade, que para manter o respeito dos filhos é preciso entender que eles têm outros objetivos, que ao perder um trabalho importante existirão outros melhores! Enfim, a vida continua bela, estamos melhor do que antes e com muito mais experiência!

Arcano 17, A Estrela

Tarologia: nos tarôs clássicos e modernos, revela uma mulher nua, símbolo de pureza e leveza. A figura se encontra integrada com a natureza (símbolo do bem-estar) mostrando sem pudor os seios (símbolo de nutrição da vida); tudo indica que a alma está em harmonia com o meio ambiente. Os jarros são os mesmos do arcano 14, mas agora a vida é exteriorizada, e a figura revela com muita humildade (na posição ajoelhada) o esplendor de toda a sua vivência – a alegria de um mundo melhor voltou. As estrelas, símbolo de esperança, estão resplandecendo no céu, indicando que a vida é bela e inesgotável. Assim, temos o resultado da libertação do passado: o retorno à paz, na qual tudo é imberbe, puro, frágil, lírico e verdadeiro. Esse arcano sugere eterna esperança, fé, otimismo, benefícios, tranquilidade, alento, consolo. Tudo passa, tudo se renova, tudo acontece. Para um melhor entendimento da potencialidade da Estrela, pesquise as seguintes palavras: *esperança, idealismo, paz, ingenuidade.*

Taromancia:

1) Material – realização, prosperidade, crescimento, promoção, caminhos abertos.
2) Mental/Verbal – inspiração, discernimento, certeza, idealismo, credulidade.
3) Sentimental – afeto, otimismo, esperança, paz, amizade, lealdade.
4) Espiritual – intuição, proteção, meditação, mediunidade.

✓ Advertência para os 4 planos – continuar o que se propôs a realizar e ser mais realista.
✓ Em casa de conselho – manter a esperança e a dedicação, ter otimismo na vida.
✓ Em casa negativa – desapontamento, mágoas, insatisfação.

COMPLEMENTO DESTA LIÇÃO

1. Não esqueça de ir pesquisando as palavras do principal atributo de cada arcano:
   - Arcano 17, A Estrela – harmonizar.

Lição 11

Caminho da Evolução

No último estágio de nosso aprendizado nos arcanos maiores, percorremos o Caminho da Evolução por meio do arcano 18, A Lua; do arcano 19, O Sol; do arcano 20, O Julgamento; do arcano 21, O Mundo; e do arcano sem número, O Louco. Nessa fase, descobrimos quem somos e a que podemos verdadeiramente aspirar. Observemos o simbolismo: em todos os arcanos numerados as figuras estão nuas, a natureza é amplamente retratada, não há mais nenhum símbolo de vaidade ou status. Além disso, o arcano 19 é o primeiro a mostrar duas pessoas se tocando reciprocamente, revelando harmonia, ao contrário do que se vê nos arcanos 6 e 15, em que não há reciprocidade, mas sim vaidade. No arcano 19, a imagem solar, símbolo da verdade, se encontra exposto, ao passo que está oculto pela paixão pessoal no arcano 6 (Eros) e pelo inconsciente no arcano 18 (A Lua). Esse caminho é o fruto da experiência humana, e infelizmente não nascemos com ele, temos que aprender eternamente a viver os percalços da vida. Contudo, a cada novo trabalho, nova relação afetiva, novos amigos, novos bens, passamos a ser mais compreensivos, condescendentes, sábios, espiritualizados. *Toda dor foi transformada em conhecimento e toda sabedoria em transcendência.* Voltando ao exemplo do casamento que terminou em divórcio, aqui se aprendeu que na próxima relação terá que haver troca, harmonia, preservação – não se cometerão os mesmos erros do passado. Também se aprendeu que para preservar o carro, será necessário pagar seus impostos, reformá-lo quando for preciso e vendê-lo para adquirir algo mais moderno, de modo que o seu valor de revenda não fique defasado.

O Caminho da Evolução *retorna* ao Caminho da Vontade, pois os eventos em nossa vida serão sempre cíclicos, porém teremos uma visão madura de suas possibilidades reais; afinal, aprendemos que é necessário acompanhar a mudança dos tempos, a evolução tecnológica, o avanço social e, principalmente, aceitar os limites que a vida impõe a cada um! Esta conexão cíclica, a corrente da vida, o elo entre o que foi e o que será, é efetuada através do último arcano deste caminho, O Louco (sem número), e o primeiro arcano do Caminho da Vontade, O Mago (1), que leva toda sua experiência passada e está ávido por descobertas futuras.

A vida é um eterno aprendizado.

Arcano 18, A Lua

Tarologia: nos tarôs clássicos e modernos, revela a imagem da lua, um dos mais complexos símbolos – mãe, nutrição, magia, divindade, rituais, fecundidade, prosperidade, amor, terror. A luz lunar remete tanto aos ritmos românticos como aos funestos, tanto à fada quanto à bruxa; a lua retrata o mundo das aparências e da ilusão com seus raios diáfanos. Mas como analisá-la neste arcano? A lua é o símbolo exato do inconsciente humano, de onde emanam todas as formas que devem ser moldadas em sua eterna criação. Já observamos o simbolismo da torre no arcano 16 e a dualidade dos animais no arcano 10 – a diferença, nesse arcano, é que as torres e os animais estão se contrapondo e não se alternando: o bem e o mal, o ativo e o passivo, o consciente e o inconsciente. O lago (símbolo de sentimentos inertes) está exposto à dualidade instintiva dos cães, matar ou morrer – tudo é duplo neste arcano. Do profundo lamaçal surge ainda um lagostim (símbolo da psique imutável) aludindo à vontade de mudar, de ser diferente, de buscar novos paradigmas. Formado pelas águas (sentimentos) que foram retidas no arcano 14 e derramadas no arcano 17, o lago, no arcano 18, simboliza o passado. Esse arcano sugere um momento delicado, de verdades dolorosas e cheio de dualidades (amor/ódio, alegria/tristeza, ganhos/perdas), mas, em todo o caso, novos caminhos surgirão trazendo a felicidade e a prosperidade. Para um melhor entendimento da potencialidade da Lua, pesquise as seguintes palavras: *autoconhecimento, inconsciência, fertilidade, superstição, misticismo.*

Taromancia:

1) Material – prosperidade, promoção, competição, ganhos, caminhos diversos.
2) Mental/Verbal – ilusão, devaneio, confusão, dualidade, hesitação, incerteza.
3) Sentimental – emoção forte, ciúme, paixão, egoísmo, atração, desejo.
4) Espiritual – poder e magia pessoal, intuição aguçada, força astral.

✓ Advertência para os quatro planos – ter cuidado com a imaginação, a lucidez é fundamental.

- ✓ Em casa de conselho – buscar o autoconhecimento e a verdade dos fatos.
- ✓ Em casa negativa – vantagem, certeza, benefício.

Arcano 19, O Sol

Tarologia: nos tarôs clássicos e modernos, revela a figura do sol: símbolo da imortalidade, da ressurreição, da verdade; seus raios são o símbolo de influências espirituais protetoras. O muro baixo (símbolo de propriedade, divisão e proporção) revela a sabedoria do limite pessoal. Os jovens, símbolo da vitalidade, estão se tocando com harmonia (símbolo da união verdadeira e feliz); eles estão seminus, símbolo de simbiose social. A imagem desse arcano se reporta a felicidade, expansão, verdade, consciência, liberdade. A realização da vida, a organização de um novo status ou a conclusão da obra foi totalmente executada, tudo é pura harmonia. Esse arcano sugere vitória, êxito, satisfação, triunfo, crescimento, prosperidade, legalização, união, amor. Para um melhor entendimento da potencialidade do Sol, pesquise as seguintes palavras: *consciência, prosperidade, felicidade, verdade.*

Taromancia:

1) Material – sucesso, realização, promoção, prosperidade, ganhos.
2) Mental/Verbal – consciência, verdade, clareza, inteligência, bons pensamentos e expressão.
3) Sentimental – alegria, afeto, amor, paz, entusiasmo, carinho, lealdade.
4) Espiritual – evolução, proteção arcangélica, iluminação, devoção.

✓ Advertência para os quatro planos – não mudar nada, tudo está correto e perfeito.
✓ Em casa de conselho – ser mais otimista, harmonizar-se, realizar os desejos.
✓ Em casa negativa – adiamento, interrupção, desamor.

Arcano 20, O Julgamento

Tarologia: nos tarôs clássicos e modernos, revela um anjo (símbolo do elo entre os planos espiritual e material) tocando uma trombeta (símbolo da anunciação divina); ele se encontra nas nuvens (símbolo da porta celestial). Os seres humanos retratados estão nus, sem máscaras ou ilusões, e rezando, o que simboliza a resignação, a espera, o resultado, a expectativa do novo, da ordem superior e inquestionável. A lápide (símbolo da expiação) está aberta e exposta para que todos vejam e analisem a realização, a obra e os caminhos futuros; observar e aceitar as opções oferecidas pela vida é uma sabedoria adquirida e não uma cultura social imposta. Esse arcano sugere o renascimento, uma nova vida, um futuro diferente, progresso e desenvolvimento. Nada nem ninguém será como antes: surpresas, revelação, mudanças. Para um melhor entendimento da potencialidade do Julgamento, pesquise as seguintes palavras: *transcendência, novidade, carma, destino, espírito, espiritualidade.*

Taromancia:

1) Material – novidade, surpresa, renovação, novos caminhos, mudanças, oportunidades (originadas pelo destino).
2) Mental/Verbal – meticulosidade, crítica, intelectualidade, análise e pesquisa para uma vida nova.
3) Sentimental – novas emoções, vontade, expectativa, afeto, esperança.
4) Espiritual – fé, compreensão, iluminação, devoção.

✓ Advertência para os quatro planos – aceitar a mudança e a nova vida, ela é bem melhor.
✓ Em casa de conselho – perdoar, transcender e buscar a paz interior.
✓ Em casa negativa – dúvidas, adiamento, falsas promessas.

Tarologia: nos tarôs clássicos e modernos, revela que o símbolo da mulher, visto em vários arcanos anteriores, bem como o simbolismo de estar seminua, atinge sua maturidade nesse arcano. Ela está andando ou dançando, símbolo de movimento harmônico. As duas mãos, igualmente ocupadas com o bastão, visto no arcano 1, remetem à intensa atividade controlada e direcionada. A guirlanda que circunda a figura feminina tem o mesmo atributo do círculo ou do mandala, que são símbolos do universo, da expansão, do infinito. Os animais querúbicos à volta da figura retratam os quatro elementos que no arcano 1 estavam limitados ao quadrado da mesa, e que agora se expandem além do círculo, denotando o término e uma finalização natural. Esse arcano sugere realização, finalização, perfeição, capacidade, recompensa, meta final, progresso, evolução, mudanças. Para um melhor entendimento da potencialidade do mundo, pesquise as seguintes palavras: *conclusão, síntese, progresso, finalização, perfeição.*

Taromancia:

1) Material – conclusão, realização, resultado desejado, prosperidade, ganhos, mudança (originada pelo consulente).
2) Mental/Verbal – idealizações, questionamento, síntese, novos planos, expressão harmônica.

3) Sentimental – sinceridade, afeição, honestidade, felicidade, narcisismo.
4) Espiritual – proteção angelical, êxtase, autorrealização.

✓ Advertência para os quatro planos – continuar as metas e planejamentos, tudo está perfeito.
✓ Em casa de conselho – momento de finalizar os objetivos, mudar e ampliar os horizontes.
✓ Em casa negativa – dispersão, incapacidade, dificuldade.

Arcano sem número, O Louco

O LOUCO

Tarologia: nos tarôs clássicos e modernos, revela uma figura masculina andando a passos largos, simbolizando intensa atividade; o homem segura numa das mãos um bastão, o mesmo dos arcanos 1 e 21, e uma trouxa (símbolo de experiência e desprendimento do ego social) que está apoiada em seu ombro (símbolo de força braçal e capacidade de suportar problemas). Com a outra mão, ele segura um cajado, o mesmo do arcano 9, que está posicionado atrás de seu pé, expressando completa displicência e irreverência. Ele está vestido como um bufão (símbolo de segregação social e inadaptabilidade) e acompanhado por um animal doméstico (símbolo da comunidade social). Esse arcano sugere tudo ou nada, desordem, extravagância, imaturidade, insensatez; mas é importante observar que embora o homem se encontre disperso, o momento é o mais poderoso da vida, e ele deve, então, tomar uma direção. Para um melhor entendimento da potencialidade do Louco pesquise as seguintes palavras: *evolução, ousadia, nada, caos.*

Taromancia:

1) Material – precipitação, erro, nulidade, busca indefinida, obstáculo, prejuízo.
2) Mental/Verbal – desatenção, irreflexão, indecisão, excesso de confiança.
3) Sentimental – prazer, alegria, desejo forte, efemeridade, fragilidade.
4) Espiritual – desordem, negativismo, problema astral, caos mediúnico.

✓ Advertência para os quatro planos – organizar os planos e ser mais coerente em tudo.
✓ Em casa de conselho – buscar ser feliz, usar a liberdade de expressão, ousar.
✓ Em casa negativa – objetividade, acerto, confiança.

COMPLEMENTO DESTA LIÇÃO

1. Estude o texto "O portal da luz" – Aula eletiva 7, página 255.
2. Não esqueça de pesquisar o principal atributo de cada arcano:
   - Arcano 18, A Lua – expandir.
   - Arcano 19, O Sol – triunfar.
   - Arcano 20, O Julgamento – transcender.
   - Arcano 21, O Mundo – progredir.
   - Arcano sem número, O Louco – revolucionar.

Avaliação 5

Lições 10 e 11

1) **Qual o conceito da Via Solar?**
   a) Todos os arcanos buscam o autoconhecimento.
   b) Todos os arcanos buscam a verdade espiritual.
   c) Todos os arcanos buscam realizar o desejo.
   d) Todas as opções estão corretas.

2) **Qual arcano compõe o Caminho da Esperança?**
   a) Arcano 6, O Enamorado.
   b) Arcano 17, A Estrela.
   c) Arcano 19, O Sol.
   d) Arcano 16, A Torre.

3) **Quais arcanos compõem o Caminho da Evolução?**
   a) 12, 13, 14, 15, sem número.
   b) 14, 15, 16, 17, sem número.
   c) 18, 19, 20, 21, sem número.
   d) 16, 17, 18, 19, sem número.

4) **Qual o aprendizado da Via Lunar?**
   a) Manter as realizações com responsabilidade.
   b) Solucionar as dificuldades e controlar os outros.
   c) Aprender o autoconhecimento e a verdade espiritual.
   d) Todas as opções estão corretas.

5) **Quais são os significados do Caminho da Evolução?**
   a) Sucesso e evolução.
   b) Autoconhecimento e espiritualidade.
   c) Prosperidade e desenvolvimento.
   d) Todas as opções estão corretas.

6) **Associe o arcano ao seu nome.**
   a) Arcano 17.
   b) Arcano 18.

c) Arcano 19.
d) Arcano 20.
e) Arcano 21.
f) Arcano sem número.

1) O Sol.
2) O Mundo.
3) A Estrela.
4) O Louco.
5) A Lua.
6) O Julgamento.

7) **O arcano 17 tem qual leitura no plano mental?**
a) As ideias estão perfeitas e claras.
b) As ideias estão confusas e incoerentes.
c) As ideias estão utópicas e obsessivas.
d) As ideias estão analíticas e críticas.

8) **O arcano 18 tem qual leitura no plano material?**
a) Tudo será realizado, mas com prejuízos e perdas irreversíveis.
b) Tudo será realizado, mas com dificuldades e perdas parciais.
c) Tudo será realizado com prosperidade depois que se decidir pela razão.
d) Tudo será realizado com sucesso depois que a vontade for direcionada.

9) **O arcano 19 tem qual leitura no plano sentimental?**
a) A pessoa se encontra muito alegre e solta na relação.
b) A pessoa se encontra muito afetiva e entusiasmada com a relação.
c) A pessoa se encontra muito sofrida e desiludida com a relação.
d) A pessoa se encontra muito amargurada e aflita com a relação.

10) **O arcano 20 tem qual leitura em casas negativas?**
   a) Deve-se tomar cuidado com o orgulho.
   b) Deve-se tomar cuidado com a precipitação.
   c) Deve-se tomar cuidado com as falsas promessas.
   d) Não é preciso tomar cuidado, não há obstáculos.

11) **O arcano 21 tem qual leitura na orientação de todos os planos?**
   a) Deve-se manter as metas e os planejamentos.
   b) Deve-se manter os projetos e lutar até o fim.
   c) Deve-se tomar cuidado com a imaginação.
   d) Nenhuma das opções.

12) **O arcano sem número tem qual leitura em casas de conselhos?**
   a) Deve-se fazer todas as mudanças necessárias.
   b) Deve-se perdoar quem tenha causado sofrimentos no passado e transcender.
   c) Deve-se manter a esperança da vida.
   d) Deve-se usar a liberdade de expressão.

13) **Qual a relação entre os arcanos 4 e 11?**
   a) Ambos têm o poder, um pela opressão e o outro pela orientação.
   b) Ambos realizam, um pelo autoritarismo e o outro pela administração.
   c) Ambos têm a força: um é tenso e o outro, suave.
   d) Todas as opções estão corretas.

14) **Qual a relação entre os arcanos 9 e 14?**
   a) Ambos têm paciência, planejamento e espiritualidade.
   b) Ambos têm obstáculos e dificuldades a serem vencidos.
   c) Um é lento pelo percalço e o outro, pelo destino.
   d) Todas as opções estão corretas.

15) **Qual a relação entre os arcanos 13 e 16?**
   a) Um é a mudança causada pelo destino; o outro, pelo consulente.
   b) Um é a mudança causada pelo consulente; o outro, por terceiros.
   c) Um é a mudança causada por terceiros; o outro, pelo destino.
   d) Todas as opções estão corretas.

16) **O que há em comum entre os arcanos 1, 3 e 7?**
   a) São capazes, reflexivos e planejadores.
   b) São alegres, responsáveis e realizadores.
   c) São dinâmicos, inteligentes e criativos.
   d) Todas as opções estão corretas.

17) **O que há em comum entre os arcanos 13, 16, 20 e 21?**
   a) São confusos, geram obstáculos e dificuldades.
   b) São transformadores e geram novos caminhos.
   c) São realizadores e geram autoconhecimento.
   d) Todas as opções estão corretas.

18) **Associe os arcanos com sua orientação a qualquer plano.**
   a) Arcano 4.
   b) Arcano 7.
   c) Arcano 9.
   d) Arcano 15.
   e) Arcano 16.
      1) Deve-se moderar a ambição.
      2) Deve-se ser compreensivo.
      3) Deve-se ser cauteloso.
      4) Deve-se manter os ideais.
      5) Deve-se ter esperança.

OBS.: Veja o gabarito na página 275; errando, estude a lição correspondente.

Lição 12

Metodologia – Parte 1

Para evitar que o curso fique centrado apenas em teorias arcanas e se torne enfadonho, vamos iniciar os jogos, a parte prática. A leitura do tarô pode ser realizada de diversas formas: algumas usam os 22 arcanos maiores, outras, o tarô completo (78 arcanos) – estudamos nas primeiras lições que isso é possível e normal. A grande diversidade de tipos de jogos não é fortuita, ou seja, cada método tem uma razão de ser. Portanto, é importante observar o seguinte conceito: *cada pergunta, situação ou aconselhamento exige um método adequado.* Por exemplo, poderemos ter desde perguntas simples, como "Devo continuar trabalhando?", que deverão ser respondidas com um método objetivo e com poucas cartas, até as que demandam a análise complexa de uma situação, como, por exemplo, "Desejo orientação para todas as áreas da vida", para as quais se aplica um método mais abrangente e com muitas cartas. Da mesma forma, alguns métodos exigirão perguntas e outros, não; estudaremos neste curso jogos para cada uma das áreas. Nesta primeira fase de aprendizado, fornecerei todas as técnicas de abertura e leitura com os arcanos maiores; na segunda fase, com os arcanos menores. Tudo o que for ensinado nesta lição também será válido para o tarô completo e para qualquer método que você venha a aprender no futuro.

Regra número 1

Saber a QUESTÃO *–*
pergunta, conselhos ou situação geral?

De certa forma, todos os jogos sempre fornecem uma resposta de orientação e/ou previsão, mas há momentos em que a pessoa não quer saber o que acontecerá, mas, sim, como deve se comportar! Outras vezes, ela quer saber do plano geral de sua vida. Portanto, vamos observar que a forma de perguntar é de extrema importância para a escolha do jogo, bem como para a análise das cartas – como diziam as antigas cartomantes: "O tarô responde ao que for perguntado..."

Como perguntar ao tarô? Para se conseguir uma boa resposta, é importante que a pergunta seja sempre objetiva e clara, como, por exemplo: "O João gosta de mim?" Da mesma forma, no caso de questões materiais, o tempo deve ser especificado, por exemplo: "Vou casar este ano com o João?" JAMAIS se deve perguntar: "Quero saber se devo ficar ou pedir demissão." A pergunta nunca deve conter uma ideia dúbia; o correto é indagar sobre uma opção ou outra, pois a resposta dirá sim ou não. Também não são apropriadas as perguntas de ordem subjetiva: "Vou ser feliz neste namoro?" "Quando casarei?" "Terei sorte nesta profissão?" Essas questões são mais indicadas para os oráculos do "ser" (reveja a Lição 3). Por serem temporais, tanto o conselho quanto a resposta das perguntas objetivas valem somente para o período estipulado. Contudo, alguns arcanos determinam outras qualidades temporais, como o arcano 9, cuja indicação é de que haverá certa demora. Agora, observe as qualidades dos verbos nas frases a seguir, uma se refere à orientação e a outra à previsão:

a) **Devo** (ter condição de, como proceder, ser favorável, poder) comprar o carro este mês? Sugere um *pedido de conselho* apenas para o período solicitado, e a resposta nunca estará prevendo um resultado final.
b) **Conseguirei** (realizar, obter, possuir, ter) comprar o carro este ano? Indica um questionamento sobre o resultado final apenas no período solicitado, e pode ou não ser seguida de aconselhamento relativo ao próprio arcano, mas sua resposta é fixa e *conduz à previsão.*

Eu não quero perguntar! Existem determinados momentos em que se deseja saber de tudo um pouco, não há uma única questão definida; então, optamos por métodos que não requerem perguntas porque em cada uma das casas haverá uma definição, como, por exemplo, num jogo que contenha a casa do trabalho, a casa do amor, a casa dos desejos etc. Nesse caso, apenas analisaremos o que o arcano diz naquela situação.

Regra número 2

Escolher o MÉTODO –
encontrar o jogo mais adequado para a questão.

Essa é a parte mais simples quando se conhece a questão formulada e os inúmeros métodos existentes: é como escolher uma arruela para um parafuso. Neste curso, ensinarei três métodos que poderão ser aplicados à maioria das situações. Em resumo:

a) **Método de Conselho** – Para análise rápida de aconselhamento; estudaremos na Lição 14. A casa assumirá apenas a orientação comportamental do arcano, não sua manifestação em um dos planos.

b) **Método do Peladan** – Para todo tipo de pergunta; analisaremos na Lição 15. As significações das casas assumirão o mesmo elemento da pergunta. Portanto, será considerada a manifestação do arcano: pergunta material/atributos materiais do arcano; pergunta sentimental/atributos sentimentais do arcano etc.

c) **Método do Mandala** – Para situações gerais, não necessita de perguntas; aprenderemos na Lição 16. Cada casa possui sua particularidade, que pode ser de ordem material, sentimental, mental ou espiritual. Neste caso, o arcano assume a qualidade/atributo de cada casa.

Regra número 3

Analisar a POSIÇÃO do arcano –
a posição revelará seu mistério.

Estudamos que cada arcano tem interpretação, manifestação, mensagem, temporalidade e orientação específicas; portanto, esta condição simbólica será a resposta. As condições interpretativas dos arcanos são infinitas e um método serve para analisar a exata relação simbólica; assim, é impossível ter sempre a mesma linguagem. Como vimos, a *chave principal durante um jogo é classificar a pergunta de acordo com a manifestação do arcano, e deve-se tomar um cuidado extremo em não misturar os ATRIBUTOS de cada plano.* Muitas vezes, um arcano é excelente num plano, mas pode ter uma expressão desfavorável em outro, como é, por exemplo, o caso do arcano 12, O Pendurado: excelente no plano espiritual, mas nada confortável (retrógrado) no material ou no afetivo. Nenhum arcano é bom ou ruim, positivo ou negativo. *A pergunta e/ou situação é que qualificará respostas favoráveis ou desfavoráveis, boas ou más.* Será um erro absoluto de análise dizer que o arcano 12, O Pendurado, indica que o objetivo será alcançado por meio do sacrifício e da espiritualidade! Continuando com o exemplo desse arcano e supondo que poderíamos utilizar uma carta para responder a tudo, vejamos alguns questionamentos:

1) – Estou na religião certa?...
   – Sim! Você é um devoto.
2) – Os mestres espirituais irão me ajudar?
   – Sim! Você é muito espiritualizado.
3) – Vou me curar?
   – Não! A situação é muito difícil.
4) – Vou ser promovido?
   – Não! Existem outras pessoas mais qualificadas.
5) – Fulano gosta de mim?
   – Sim, mas não pode ficar ao seu lado.
   Agora **observe:**
6) – Vou me separar?
   – *Não*!
   (Esse "não" é bem-vindo, não é? Quando se quer isso, é lógico! E quando se deseja a separação? Haverá muitos problemas de litígio, na certa!)
7) – Vou ser demitido?
   – *Não!*
   (Esse "não" é bem-vindo, não é? Quando se quer isso, é lógico! E quando se deseja a demissão? O consulente terá que pedir, pois o empregador não dará!)
   - Mas por que, pela leitura do arcano 12, terei problemas se desejar a separação, mas não os terei se desejar a demissão? Porque a separação depende do acordo de duas pessoas casadas que são cúmplices na rotina, cada uma luta pelo seu desejo; no segundo caso, nada impede que o empregado peça a demissão...

Observe bem o significado da pergunta e depois o da resposta, através do arcano 12:

8) – Devo *ficar* em meu trabalho?
   – *NÃO...*

9) – Devo *sair* de meu trabalho?
   – *NÃO...*
   - O tarô responde essencialmente ao que é perguntado, portanto fique sempre atento à pergunta quando for analisar o arcano!

COMPLEMENTO DESTA LIÇÃO

1. Estude o texto "Falhas e conselhos" – Aula eletiva 8, página 258.
2. Pesquise em dicionários as seguintes palavras:
   - Augúrio
   - Presságio
   - Destino

Lição 13

Metodologia – Parte 2

Expressões mais usuais:

1. Método = jogos, abertura, forma de abrir as cartas.
2. Misturar as cartas = embaralhar o tarô para a escolha.
3. Abertura = jogo, método, forma de expor.
4. Abrir o tarô = jogar, pôr, deitar e ler as cartas.
5. Fechar o tarô = terminar a leitura, recolher, guardar.
6. Fazer uma consulta = abrir ou jogar o tarô.
7. Ler o tarô = analisar, orientar, prever, adivinhar.
8. Carta fechada = quando o arcano estiver virado para baixo, não visível.
9. Carta aberta = quando o arcano estiver virado para cima, visível.
10. Arcano = mistério, segredo, o que deve ser desvelado.
11. Arcano do tarô = carta, lâmina, símbolo do tarô.
12. Aspecto negativo = reverso, desfavorável, contrário do bom ou mau.
13. Aspecto positivo = operante, favorável, afirmação do bom ou mau.
14. Aconselhamento = sugestão, procedimento, advertência boa ou má.

Afinal, como abrir o tarô?

Você pode fazer uma consulta em qualquer lugar, não precisa de um local específico para analisar os arcanos. Apenas quando a questão é muito complexa, sugiro um ambiente tranquilo. Recorte e monte o tarô que se encontra no final deste livro e está pronto para jogar! É simples! Não é preciso fazer ritual de consagração. Escolha um arcano de sua preferência para abrir e fechar o jogo, ou seja, uma carta para estar sempre à frente do baralho antes de misturá-lo para as perguntas e antes de guardá-lo. Essa é uma técnica mental para condicionar o estado espiritual de concentração nos jogos. Eu, por exemplo, sempre uso o arcano 1, O Mago, mas tenho muitos alunos que preferem o arcano 5, O Sacerdote, outros o arcano 9, O Eremita, ou o arcano 19, ou o arcano sem número, e tenho até uma aluna que usa o arcano 13, A Morte! Sinta-se à vontade para escolher uma carta para abrir e fechar o jogo.

Tenha um tecido de qualquer cor, estampa e tamanho para abrir os jogos. Ah! Mas você é religioso ou devoto de alguma coisa? Não há problema, pode usar o que desejar durante as consultas, mas nunca se esqueça que o tarô funciona sem a sua crença e tome o cuidado de não impor aos outros uma filosofia espiritual que é sua! Respeito é bom e eu gosto! Antes de iniciar qualquer abertura para um consulente, respire lenta e profundamente, acalme a mente, o corpo, não se agite e nem tenha pressa. É fundamental estar tranquilo. Entre em sintonia absoluta com você mesmo. Relaxe. Siga a sequência indicada a seguir – todo procedimento parece ser demorado, mas não passa de três minutos! É muito simples de ser executado; todas as instruções de abertura são as mesmas para qualquer método.

1. Explique rapidamente o que é e para que serve o tarô.
2. Anote numa ficha ou caderno os dados do consulente: nome, endereço, telefone.
3. Oriente-se, pergunte se é uma questão geral ou algo específico.

4. Escolha um método adequado.
5. Pegue os arcanos do tarô.
6. Fixe-se no simbolismo do arcano que escolheu para a técnica de abertura e formule o que se deseja.
7. Misture *todas* as cartas calmamente. Aproveite esse momento, enquanto embaralha, para relaxar e fixar a mente na questão solicitada; de agora em diante, mantenha o tarô de uma forma que nem você e nem o consulente vejam os símbolos; deixe as cartas sempre voltadas para baixo, fechadas.
8. Distribua os arcanos, sempre virados para baixo, de acordo com a sua preferência: em linha horizontal, em forma de leque ou em círculo. Não há necessidade de o consulente dividir o conjunto de cartas em três partes, isto faz parte da cartomancia antiga, mas faça-o, se assim o desejar.
9. Solicite ao consulente que escolha a quantidade de cartas necessárias para o método a ser utilizado; isso é indicado para evitar que ele pense que as cartas foram marcadas.
10. Tenha o cuidado de arrumar os arcanos na sequência correta do método: *a primeira carta escolhida deve estar na primeira posição, a segunda carta, na segunda posição,* e assim por diante.
11. Pegue o restante dos arcanos e ponha de lado.
12. Agora, o passo mais importante: analise o primeiro arcano, sinta-o e fale do simbolismo daquela posição; depois, o segundo, e assim por diante. Não se deve abrir todos os arcanos de uma só vez, pois são muitas informações simultâneas, o que pode acarretar um bloqueio ou uma confusão mental; tenha calma, aguarde e não fique ansioso para saber o resultado do último arcano. Frequentemente as primeiras cartas orientam muito mais que as últimas.

13. Após a resposta, anote a pergunta, a data e a formação do jogo na ficha do cliente.
14. Após a consulta, junte todos os arcanos, em qualquer posição, deixando apenas o arcano escolhido para a técnica de abertura, na frente. Não há necessidade de guardar as cartas em altar, caixa especial ou em outros lugares místicos – preocupe-se apenas em protegê-las num local seco e arejado para que não deformem. Mantenha-as também longe de crianças e leigos que possam amassá-las, rasgá-las ou sujá-las por brincadeira.

Orientação e ética profissional

1. O conhecimento técnico do método é imprescindível. Antes de tudo, não se esqueça de que somos seres imperfeitos e complexos: pensamos ou sentimos de uma forma e agimos de outra, portanto somos sujeitos a falhas. *A nossa mente objetiva está sempre interferindo na subjetiva e, consequentemente, criando condições para uma decodificação errônea dos símbolos.*
2. Nunca force uma leitura; é preferível uma interpretação curta, objetiva e concisa do que uma longa, complicada e tendenciosa. Não tente prolongar uma consulta; na maioria das vezes, a decodificação simbólica é rápida. *Tenha a humildade de compreender a natureza da vida: ela é simples, nós é que a complicamos.*
3. Nunca fale de morte, destruições, separações, doenças fatais. Mesmo que você tenha absoluta certeza dos acontecimentos, apenas prepare a pessoa para as transformações, dando-lhe conforto, coragem e otimismo. *Enquanto houver esperança, haverá um caminho, e este caminho só a Deus pertence.*

4. O tarô nunca estará "fechado" para o consulente. Quando não conseguir interpretar ou elucidar adequadamente uma questão, saiba que você não estava preparado ou não conseguiu decodificar o símbolo. *Observe se a questão foi formulada de maneira errada, tente de outra forma ou adote outro método.*
5. Nunca utilize o tarô para responder a perguntas mentais do consulente. Ele geralmente não sabe como formular adequadamente uma questão, e isso pode gerar uma resposta confusa ou errada. *Procure a maior precisão possível para evitar a dualidade. Analise a pergunta junto com o consulente antes de solicitar a resposta ao oráculo.*
6. Nunca tente adivinhar dados pessoais do consulente, como os que se referem a estado civil, filhos, família, profissão, datas, nomes. O tarô nunca os revelará. Os jogos de tarô analisam o que é perguntado ou aquilo que se manifesta através dos métodos. *Os arcanos por si não revelam nada diretamente: são apenas parte de um alfabeto simbólico que deve ser interpretado.*
7. Nunca comente o teor de uma consulta, nem com o seu melhor amigo, mãe, irmão ou parceiro afetivo; não revele quem você atendeu em uma consulta. *Somente o consulente tem o direito de dizê-lo; o tarólogo ético, jamais!*

COMPLEMENTO DESTA LIÇÃO

1. Pesquise em dicionários as seguintes palavras:
   - Orientação
   - Conselho
   - Ética
   - Respeito

Avaliação 6

Lições 12 e 13

1) **Por que existem diversos métodos de abertura?**
   a) Cada consulente tem que escolher o que mais lhe agrada.
   b) Todas as perguntas e situações exigem o mesmo método.
   c) Cada questão tem sua particularidade.
   d) Nenhuma das opções é correta.

2) **Para que serve entender o plano de uma pergunta?**
   a) Para buscar o sentido da resposta.
   b) Para analisar o plano do arcano.
   c) Para responder coerentemente.
   d) Todas as opções estão corretas.

3) **Para abrir um tarô, deve-se:**
   a) Ter um pano preto, um incenso, uma vela.
   b) Ter um amuleto, uma mesa própria, um santinho.
   c) Ter mediunidade, um cristal, um punhal.
   d) Ter conhecimento da simbologia e dos métodos.

4) **Qual a regra básica de um jogo?**
   a) Saber a questão, escolher a pergunta e ler a posição da carta.
   b) Saber a questão, escolher o método e ler a posição do arcano.
   c) Saber a questão, escolher o arcano e ler a posição do método.
   d) Todas as opções estão corretas.

5) **O que se deve fazer quando se adquire um tarô?**
   a) Consagrá-lo na lua cheia com vela, cristal e incenso.
   b) Rezar na lua crescente para o anjo da guarda.

c) Pedir ajuda a um mestre do tarô para energizar as cartas.
d) Nada, pode-se jogar sem problemas.

6) **Depois de formulada a pergunta e escolhido o método, o que se deve fazer?**
a) Embaralhar as cartas e escolher o quantitativo necessário.
b) Misturar as cartas e escolher os melhores arcanos.
c) Embaralhar as cartas e escolher pelo consulente.
d) Misturar as cartas e escolher um método melhor.

7) **Qual das seguintes sentenças seguintes exprime a melhor forma de se perguntar ao tarô?**
a) Vou comprar uma casa um dia?
b) Vou comprar a casa de meus sonhos?
c) Vou comprar uma casa este ano?
d) Vou comprar a casa de minha vizinha ou a que o corretor está oferecendo?

8) **Qual das seguintes sentenças exprime a melhor forma de se perguntar ao tarô?**
a) Terei sorte no meu trabalho?
b) O que devo fazer para melhorar no trabalho?
c) Um dia conseguirei sucesso no trabalho?
d) Ganharei muito dinheiro no meu trabalho?

9) **Qual das sentenças seguintes exprime a melhor forma de se perguntar ao tarô?**
a) Meu relacionamento está certo ou errado?
b) Minha vida afetiva tem algum problema?
c) Um dia ele irá me amar e entender o que faço?
d) Todas as opções estão corretas.

10) **Qual o procedimento após se fazer a pergunta e embaralhar o tarô?**
a) O tarólogo deve escolher as cartas e montar o jogo.
b) O consulente deve escolher as cartas para o tarólogo montar o jogo.

c) O tarólogo deve espalhar as cartas para o consulente escolher.
d) Todas as questões estão corretas.

11) **O que fazer quando alguém solicita uma consulta?**
a) Embaralhar o tarô enquanto se faz a pergunta e, depois, preencher a ficha do consulente.
b) Perguntar, escolher o método, embaralhar, escolher e ler os arcanos.
c) Adivinhar o que a pessoa deseja e intuir a resposta antes de embaralhar.
d) Abrir qualquer método e orientar somente com a intuição espiritual.

12) **O que é importante numa consulta?**
a) Prever quando alguém vai morrer ou se separar.
b) Prever o futuro por muitas décadas.
c) Prever as ações presentes e orientar o livre-arbítrio.
d) Todas as opções estão corretas.

13) **O que se deve fazer depois de atender uma pessoa?**
a) Guardar o assunto, jamais comentar, estudar os resultados futuros.
b) Guardar o assunto por uma semana e falar para todo mundo.
c) Falar imediatamente para seu companheiro e amigo.
d) Dizer para todos a quem atendeu e o que aconteceu.

14) **O que se deve fazer quando não se entende uma abertura?**
a) Falar o que se pensa, inventar, dizer qualquer coisa.
b) Buscar intuição, rezar, continuar tentando.
c) Estudar um pouco mais o método e os arcanos.
d) Nenhuma opção é correta.

15) **O que se deve fazer ao final do jogo?**
a) Guardar as cartas numa arca de mogno junto com uma turmalina.
b) Guardar as cartas numa bolsa de veludo negro junto com um cristal.

c) Guardar as cartas em cima do altar aos pés de Santa Sara.
d) Guardar as cartas num local protegido de umidade e curiosos.

16) O que se deve fazer durante a leitura de um jogo?

a) Ouvir a intuição e falar o que se pensa.
b) Ouvir as entidades espirituais e seguir o que dizem.
c) Analisar as posições dos símbolos e orientar o consulente.
d) Analisar o que dizem a intuição e as entidades e fazer uma média.

17) Qual é o significado de uma situação "presente"?

a) O consulente ganhará um bom presente.
b) O cliente está vivendo algo do passado.
c) O dia do jogo, apenas a semana.
d) Algo que sente ou vive, independentemente dos meses.

18) Associe as palavras (letras e números):

a) Arcano.
b) Misturar.
c) Ler o tarô.
d) Método.
e) Abrir o tarô.

1) Embaralhar.
2) Mistério, segredo.
3) Jogar, deitar, pôr.
4) Jogos, abertura.
5) Prever, orientar.

OBS.: Veja o gabarito na página 275; errando, estude a lição correspondente.

Lição 14

Técnicas – parte 1

Que ótimo que esteja neste estágio de aprendizado! É um sinal de que tanto você quanto eu estamos atingindo nossos objetivos. As próximas lições e avaliações exigirão de você uma revisão de tudo o que foi aprendido; estude atentamente as técnicas de jogos e os conceitos de cada arcano. Não tenha vergonha ou receio de utilizar este livro para consulta quando estiver jogando para seus amigos ou conhecidos, ninguém nasceu sabendo, não é verdade? É mais honesto dizer que está praticando e aprendendo do que ser presunçoso e fornecer respostas erradas. Uma leitura técnica, passo a passo, terá mais valor para o consulente do que se você falar asneiras só para mostrar que é o "todo-poderoso". A espiritualidade começa na humildade, não na arrogância.

MÉTODO DO CONSELHO PESSOAL – *UMA CARTA*

A pergunta deve ser objetiva, clara, racional e, se possível, delimitar o tempo. Não faça perguntas subjetivas ou atemporais: "Serei feliz um dia? Terei sucesso em minha profissão? Acharei minha alma gêmea? Encontrarei meu mestre espiritual?" Este método é somente para aconselhamentos, jamais para acontecimentos. Por exemplo: "Devo comprar o carro este ano?", observe que neste caso o verbo empregado é DEVER (obrigação de, orientação, permissão), pois todos os métodos que expressam aconselhamentos não se referem à qualidade de ACONTECER (realizar, obter, ter), somente orientam sobre como se deve proceder em relação a algo. Observe também que a pergunta está direcionada a um objeto (carro) e condicionada a um tempo determinado (este ano). Outro exemplo: "Posso comprar o carro de Maria?" – neste caso, com o emprego do verbo PODER (ser possível, ter condições de), a pergunta expressa a qualidade de condições pessoais, ou seja, novamente a resposta não expressará a qualidade de ACONTECER (realizar, possuir, ter). Perguntas formuladas com esses dois sentidos (devo/posso) são excelentes para orientações, mas cuidado para não "misturar" o que irá acontecer. Voltando à questão da pergunta – posso/devo comprar o carro? –, as respostas estarão de acordo com os arcanos retirados, por exemplo:

Conselho

1. Arcano 4, O Imperador – utilize o conceito da palavra-chave: *controlar* (atributo principal, página 32) + palavras em casa de conselho (página 54).
   A resposta poderia ser assim:
   - Sim, você poderá comprar seu carro até o final do ano já que isso expressa sua vontade pessoal. Nada impedirá o evento, pois tudo se encontra organizado de acordo com o que você deseja: o tipo do carro, a cor, o financiamento.
2. Arcano 8, A Justiça – utilize a palavra-chave: *ajustar* (atributo) + aconselhamento da taromancia.
   A resposta poderia ser assim:
   - Você deve agir com cuidado e cautela para adquirir o carro até o final do ano. Seria melhor ser mais racional e avaliar o que está pretendendo para não se prejudicar no futuro. Contudo, nada impede que você realize a compra.

3. Arcano 12, O Pendurado – utilize a palavra-chave: *resignar* (atributo) + aconselhamento da *taromancia*. A resposta poderia ser assim:
   – Não, você não deve comprar o carro até o final do ano. Deve mudar o planejamento da compra e também se resignar com a situação presente: aceitar as dificuldades e buscar outras soluções.
4. Arcano 16, A Torre – utilize a palavra-chave: *dissolver* (atributo) + aconselhamento da *taromancia*. A resposta poderia ser assim:
   – Não, você não poderá comprar o carro até o final do ano, porque haverá mudanças de planos. Surgirá algo que o fará mudar de objetivo. Talvez, nem consiga comprar por algum tempo.

- Vale lembrar que estamos nos reportando aos conselhos do tarô; portanto, as respostas positivas ou negativas que foram apresentadas não se referem à concretização da compra do carro (realizar, concluir, finalizar). Nesse caso, o tarô está apenas dando um aviso: obedece quem quer! Se o consulente receber o conselho do arcano 4, O Imperador, e comprar o carro, a indicação é de que nada acontecerá; se o consulente receber o conselho do arcano 12, O Pendurado, e comprar o carro, a indicação é de que terá muitos prejuízos, pois o arcano mandou que ele mudasse de ideia! Mas espere aí... Se é apenas um conselho, por que o arcano 16, A Torre, disse que o consulente não vai (adquirir, possuir, ter) comprar o carro? O arcano 16, A Torre, e o arcano 20, O Julgamento, predizem acontecimentos adversos em relação ao que foi perguntado. Em suas mensagens, estão implícitas as mudanças; ou seja, acontecerá algo que impedirá a compra do carro.

COMPLEMENTO DESTA LIÇÃO

1. Estude o texto "Cartas invertidas" – Aula eletiva 9, página 264.

Lição 15

Técnicas – parte 2

Pudemos observar que estudar o tarô é uma viagem ao mundo simbólico do ser humano; jogar o tarô é desvendar esses símbolos enigmáticos. *Uma regra de ouro*: nunca discuta com quem não acredita e nem tente provar que as previsões do tarô funcionam! A sabedoria espiritual está em calar-se perante os que nos ridicularizam ou dizem constantemente que não acreditam. *Outra regra de ouro*: não insista em querer ajudar alguém por meio do tarô, por mais que você pense que poderia ajudá-lo! Espere que a pessoa sinta a necessidade e o procure; todos nós temos o nosso momento – seja humilde em entender que todos têm suas próprias opiniões e crenças. Agora vamos aprender um dos métodos mais importantes para o tarô, pois com ele você poderá responder a qualquer tipo de pergunta.

MÉTODO PELADAN – *5 CARTAS*

Um dos raros métodos de origem conhecida foi desenvolvido pelo abade francês Josephin Peladan (1850-1915). Baseado no símbolo da cruz, esse método é excelente para perguntas objetivas temporais, pois se reporta às potencialidades presentes e futuras da questão formulada. Durante o século XX houve muitas variações deste método, mas a versão original ainda é a que fornece as respostas mais claras e abrangentes; é ideal para perguntas objetivas, tanto para previsão quanto para orientação. Nesse método, um dos meus preferidos, utilizam-se cinco cartas para a leitura da *situação presente* (1-2), do *caminho futuro* (3-4) e da *visão do consulente* (5); são três informações importantes que se fundem, fornecendo uma resposta bem objetiva da questão.

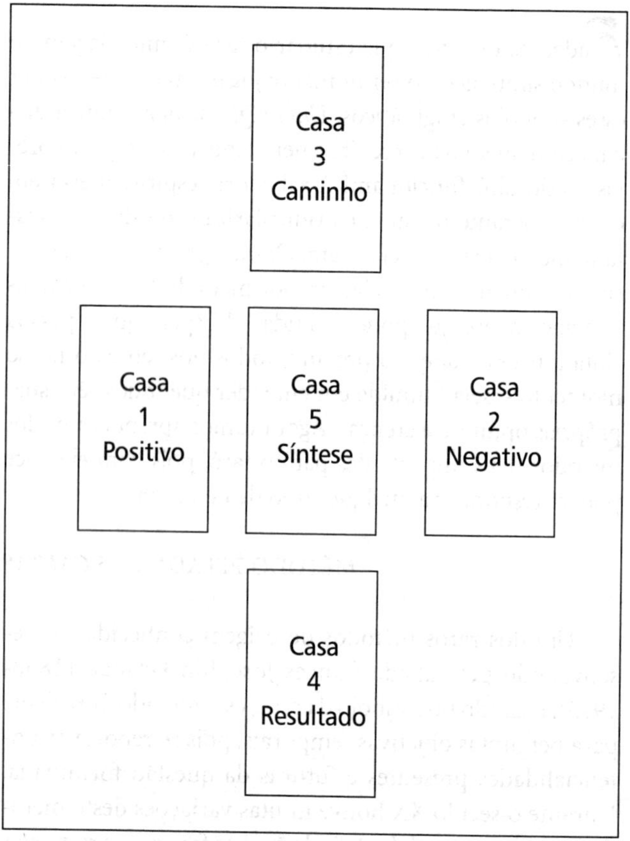

Casa 1. Positivo. O que está favorável no presente?

- Cuidado com a interpretação da palavra "positivo" que no linguajar popular significa "tudo está bem". Essa casa se refere à condição do atributo "existir, estar ativo ou operante". Por exemplo: em relação a uma pergunta de ordem material, o arcano 12, O Pendurado, indicaria que existe impossibilidade ou obstáculos intransponíveis no momento (qualidade que está positivada para a questão), e talvez expressasse uma negativa de imediato. O arcano 7, O Carro, revelaria que há muitas perspectivas favoráveis no momento: tudo estaria bem direcionado, tendendo à realização.

Casa 2. Negativo. O que está desfavorável no presente?

- Cuidado também com a palavra "negativo" que no coloquial significa "tudo está mal". Essa casa indica a condição de "não existir, estar passivo ou reverso". Por exemplo: em relação a uma questão de ordem material, o arcano 12, O Pendurado, indicaria que não há problema ou obstáculo no momento (qualidade inexistente da questão) – observe que nesta posição tal arcano se tornou favorável. O arcano 7, O Carro, revelaria que as perspectivas não são boas no momento, não há determinação para que ocorra imediatamente, falta dinamismo – observe que esse arcano se tornou desfavorável.

Casa 3. Caminho. Qual a direção que a questão vai tomar?

- Essa casa mostra como será o desenvolvimento da questão do momento do jogo até a data solicitada. Lembre-se de que esse método necessita de pergunta objetiva temporal. Por exemplo: em relação a uma questão sentimental, o arcano 1, O Mago, indicaria que a partir daquele momento até a conclusão dos fatos haveria muitas expectativas e desejos. O arcano 14, A Temperança, revelaria que a relação seria duradoura, harmoniosa.

Casa 4. Resultado. Como será o produto final?

- É absolutamente errado observar (imediatamente) o arcano dessa posição quando se abre o jogo porque nem sempre ele é atuante e verdadeiro. Apenas se as casas anteriores indicarem alguma realização, possibilidade ou abertura, o valor da casa 4 será confirmado. Portanto, não se iluda se você encontrar o arcano 19, O Sol, nessa posição, pois ele poderá ser nulo se, por exemplo, na casa 1 ou 3 estiver o arcano 12, O Pendurado. Outro erro fatal na resposta é supervalorizar esta casa – nunca deixe de atentar para as casas anteriores.

Casa 5. Síntese. Como o consulente se encontra perante a questão?

- Para evitar os erros de interpretação referentes a essa casa, não se deve observá-la como uma continuidade da casa 4. O arcano dessa posição revela apenas a atitude do consulente ou o significado que o conteúdo da indagação tem para ele: é a origem da pergunta. Já presenciei várias situações em que todo o jogo (casas 1 a 4) mostrava a realização efetiva e trazia, na última casa (5), o arcano 16, A Torre, ou o arcano 13, A Morte. Na realidade, isso significava que a concretização do que foi perguntado causaria uma grande mudança na vida da pessoa e que ela não desejava tal situação!

Exemplos

1) **Vou casar com o João no ano que vem?**

- A questão pertence ao plano material – documentação jurídica, união de corpos; portanto, a análise será somente sobre os aspectos materiais do arcano na taromancia, salvo a casa negativa, que detém uma análise exclusiva, e a casa 5, que é analisada com os atributos gerais da tarologia.

Casa 1 – arcano 7, O Carro, revela que a situação encontra-se direcionada para a conclusão, os projetos do casamento estão caminhando corretamente. Casa 2 – arcano 16, A Torre, indica que não haverá imprevisto ou obstáculo para que o casamento se realize, significa construção (observe que as casas 1 e 2 sugerem que tudo está favorável no momento). Casa 3 – arcano 5, O Sacerdote, revela que o casamento está na ordem natural dos fatos: uma união; contudo, esse arcano sempre aconselha que sejam seguidas as leis jurídicas e sociais para um resultado satisfatório. Talvez o consulente não estivesse preocupado com a documentação ou com o contrato de casamento, que no entanto se revelou necessário. Casa 4 – arcano 3, A Imperatriz, indica que o matrimônio se estabelecerá na data prevista e de acordo com o desejado (observe que o arcano anterior definiu este resultado). Casa 5 – arcano 19, O Sol, revela que o consulente deseja ardentemente se casar, seria sua maior felicidade realizar a união! Poderíamos resumir que o consulente está no caminho certo para o casamento, porém é valiosa a orientação do arcano 5: legalidade! *A resposta é: – Sim, tudo já se encontra no caminho da realização...*

Pegue seu tarô, monte os exemplos a seguir, estude as combinações.

2) **Voltarei a estudar no ano que vem?**

- A questão pertence ao plano mental – estudo, formação, cultura; portanto, a análise será somente sobre os aspectos mentais do arcano na taromancia, salvo a casa negativa, que detém uma análise exclusiva, e a casa 5, que é analisada com os atributos gerais da tarologia.

Casa 1 – arcano 1, O Mago, revela que a ideia do estudo ainda está sendo avaliada, não há nada definido. Casa 2 –

arcano 4, O Imperador, indica que não há condições para que o estudo se concretize no momento, falta força de vontade, poder – observe que no presente (casas 1 e 2), não há nenhum arcano realizador. Casa 3 – arcano 13, A Morte, mostra que o próprio consulente mudará de ideia sobre estudar, procurando uma alternativa mais realista (em casos como este, quando todas as cartas tendem a fornecer possibilidades e falta de objetividade, a próxima casa poderá definir a pergunta). Casa 4 – arcano 14, A Temperança, indica que ele poderá estudar após o período em questão, ou talvez que adie o estudo para uma data indeterminada (observe que o arcano anterior altera a condição da pergunta e este posterga, não havendo conclusão imediata). Casa 5 – arcano 6, O Enamorado (arcano que expressa total livre-arbítrio), revela que o consulente tem muitas opções de estudos e que ainda não se decidiu por nada, todo o jogo é pura especulação! Poderíamos resumir que o consulente especula sobre algo do destino que nem ele sabe se fará! *A resposta é – talvez, dependerá de seus esforços, mas tudo leva a crer que demorará mais um pouco.*

3) **Meu namorado me ama?**

- A questão pertence ao plano sentimental – desejo, sentimento, emoção; portanto, a análise será somente sobre os aspectos sentimentais do arcano na taromancia, salvo a casa negativa, que detém uma análise exclusiva, e a casa 5, que é analisada com os atributos gerais da tarologia. Observe que a pergunta não tem uma temporalidade específica (um mês, um ano etc.) porque o conteúdo da pergunta está implícito no estado presente, atual.

Casa 1 – arcano 8, A Justiça, revela que o sentimento do namorado está esfriando, talvez ele esteja se afastando, não demonstre carinho. Casa 2 – arcano 19, O Sol, indica que não há paixão, desejo ou interesse (observe que as casas 1 e 2 sugerem que o sentimento do amor se encontra muito distante). Casa 3 – arcano 2, A Sacerdotisa, mostra que ele não se definirá abertamente, ficará isolado e remoendo alguma mágoa que tem da consulente. Casa 4 – arcano sem número, O Louco, indica que tudo se revelará um passatempo, sem que se estabeleça um compromisso ou um caso de amor. Casa 5 – arcano 15, O Diabo, mostra que a consulente tem profunda paixão e possessividade pelo namorado e espera que eles fiquem juntos para sempre! Poderíamos resumir que a consulente quer uma promessa de amor, mas infelizmente não a terá... *A resposta é: – Não, ele não a ama mais...*

Observação 1: Não existe método algum a ser aplicado a perguntas ou situações que o leve a responder com um simples "sim" ou "não". Na vida, sempre há o "talvez", nem tudo está predestinado! A tendência ao "sim", ao "não" e ao "talvez" será sempre o resultado da qualidade simbólica do arcano aplicada ao método e à pergunta.

Observação 2: Como se chegou às respostas? Desde as primeiras lições, venho orientando sobre como pensar em relação a cada arcano; assim, nunca se esqueça das regras: o elemento da pergunta deve ser o elemento do arcano; a partir desta classificação, observe a posição que ele ocupa no jogo em relação ao significado da casa – estude, entenda o significado do método! A casa é positiva? É o caminho? O que a casa significa? O significado das casas negativas foi revelado à parte, e isso serve para qualquer método que contenha este tipo de posição. Volto a insistir: nos jogos, uma casa negativa não quer dizer "ruim", "mau": ela tem sempre o sentido reverso e/ou contrário do arcano; assim, alguns deles estarão muito bem colocados nessas casas e outros, não.

Lição 16

Técnicas - parte 3

Crie o hábito de catalogar, em fichas ou caderno, os dados dos consulentes – nome, endereço, telefone, data de nascimento –, acrescente a data do atendimento, as perguntas e os jogos que analisou. As anotações são importantes para que você faça uma comparação de seus erros e acertos, pois somente com a questão, o método e a posição dos arcanos lhe será possível relembrar as análises que executou. No início da prática, são muito comuns os equívocos em relação a alguns detalhes dos arcanos e suas posições; assim, com o tempo, você irá se aprimorando.

MÉTODO DO MANDALA OU DAS CASAS ZODIACAIS – 13 CARTAS

Mandala, em sânscrito, quer dizer totalidade, autoconhecimento, *self*, círculo, homem-Deus. No Brasil, usamos o nome "mandala" para designar o jogo das casas zodiacais que é realizado em outros países, um método adaptado da astrologia. Portanto, para compreender melhor as casas do Mandala, temos que nos reportar ao contexto generalizado da astrologia. É um dos métodos mais complexos e completos para análise dos arcanos e não necessita de perguntas: depois de aberta, cada casa é analisada por seu significado. Nesse método, são utilizadas 13 cartas, uma central e 12 em volta. Há uma particularidade na temporalidade: todas as informações se reportam a um período aproximado de *três meses*. Existem muitas interpretações que podem ser extraídas de cada casa, porém estabelecerei somente as condições básicas e primárias:

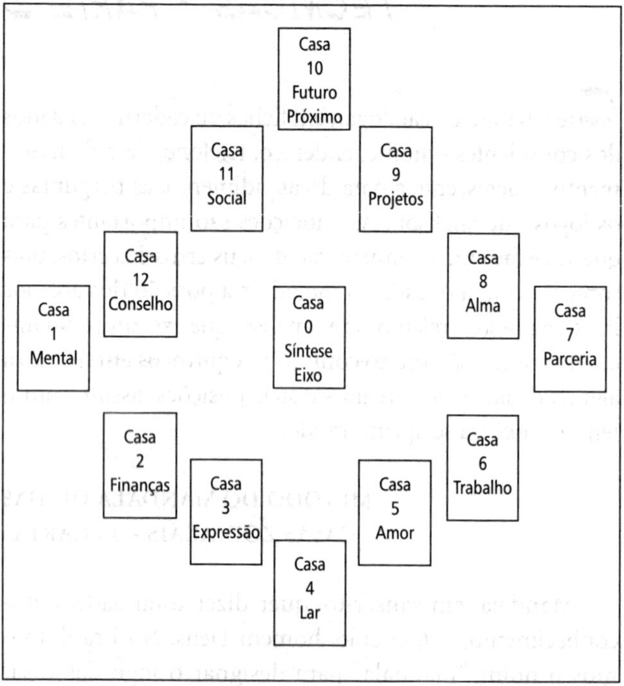

Carta central – Síntese (esta é a primeira carta do jogo)

- *O caminho do destino para o consulente.* Analise pelo atributo principal. O eixo central do Mandala representa a atuação do destino sobre o consulente, enquanto as outras 12 cartas se reportam à sua conduta e a situações que envolvem o seu livre-arbítrio. Por exemplo, arcano 3, A Imperatriz: os caminhos da vida estão abertos e são prósperos, tudo se encontra em desenvolvimento; arcano 16, A Torre: os caminhos da vida estão em mutação, para tudo há obstáculos. Contudo, as análises dessa casa (síntese) não se referem exatamente a aspectos de que o consulente tem consciência.

Casa 1 – Ideias atuais (esta é a segunda carta do jogo)

- *Como o consulente está pensando e planejando?* Analise pelo plano mental. Essa casa se refere unicamente ao plano mental no presente momento. Por exemplo, arcano 7, O Carro: o plano mental se encontra determinado a conseguir algo; arcano 12, O Pendurado: o plano mental se encontra com ideias utópicas, sonhos irrealizáveis. No primeiro caso, o aconselhamos a continuar com os projetos e, no segundo, a mudar urgentemente.

Casa 2 – Dinheiro

- *Como está a situação financeira do consulente?* Analise pelo plano material. Essa casa se refere ao dinheiro circulante, passado–presente. Por exemplo: o arcano 19, O Sol, indica que não há problemas financeiros; o arcano 8, A Justiça, sugere rever o orçamento, pois pede cautela nos gastos. **Observação:** Não se pode confundir o desejo com a realidade; essa casa observa unicamente as condições financeiras, nunca a satisfação ou insatisfação do consulente em relação às suas posses. Cuidado com as interpretações emocionais para a casa, evite-as.

Casa 3 – Comunicação

- *Como o consulente está se expressando verbalmente?* Analise pelo plano mental. O modo como o consulente está pensando, revelado na casa 1, se expressa nesta casa. Essencialmente, é preciso observar a referida casa antes de analisar a casa 3. Por exemplo, casa 1 – arcano 1, O Mago, e casa 3 – arcano 5, O Sacerdote: o consulente está com

muitas ideias novas e as transmite de forma moderada, diplomática e social. Outro exemplo, casa 1 – arcano 4, O Imperador, e casa 3 – arcano 2, A Sacerdotisa: o consulente está com idéias determinadas, fixas, irreversíveis, e não está dizendo nada para ninguém, se encontra calado.
Observação: Não confunda o plano mental somente com as "ideias", ele se refere ao "elemento Ar" e também pode significar expressão e ação. (Veja a Lição 5).

Casa 4 – Lar

- *Como está o lar, a moradia do consulente?* Analise pelos planos material + sentimental. Essa casa se refere ao ambiente físico, à residência, e, também, à rotina dos que vivem no mesmo lugar. Por exemplo: o arcano 10, A Roda da Fortuna, indica mudança de casa, venda, compra; todos estão nervosos; o arcano 17, A Estrela, revela que todos estão vivendo em harmonia, sem problemas, e a casa se encontra em ordem.

Casa 5 – Afetividade

- *Como estão o coração e os sentimentos do consulente?* Analise pelo plano sentimental. Essa casa se refere ao coração e está associada à casa 7, ou seja, é o sentimento do consulente para com o parceiro institucionalizado. Por exemplo, o arcano 10, A Roda da Fortuna, mostra que há muita ansiedade e nervosismo por parte do consulente; o arcano 6, O Enamorado, indica que ele ama profundamente e está romântico.
  Observação: Quando o consulente não tiver um relacionamento, essa casa deve ser analisada como uma tendência de se encontrar aberto ou fechado para um namoro. Por exemplo, arcano 3 – aberto; arcano 14 – fechado.

Casa 6 – Trabalho

- *Como está a profissão ou o trabalho do consulente?* Analise pelo plano material. Essa casa indica a rotina da profissão, o dia a dia. Ela deve ser associada à casa 2, que se refere a recebimento de dinheiro. Por exemplo, casa 2 – arcano 7, O Carro, e casa 6 – arcano 19, O Sol: observamos um aumento de recursos financeiros (O Carro) oriundo, talvez, de uma promoção profissional (O Sol), enquanto o arcano 19 indica que o consulente está perfeitamente integrado com o trabalho e que é muito capaz no que faz. Outro exemplo, casa 2 – arcano 16, A Torre, e casa 6 – arcano 19, O Sol: revela prejuízos financeiros, dificuldades de saldar dívidas (16), entretanto pode haver uma promoção no trabalho, mas sem aumento de salário, somente de status profissional (19).
  Observação: Para essa casa, deve-se pensar da seguinte forma: dinheiro e trabalho são coisas distintas; pode-se ganhar muito e não gostar do trabalho, ganhar pouco e adorar a profissão!

Casa 7 – Parceiro(a)

- *Como está o parceiro(a) em relação ao consulente?* Analise pelo plano mental. Essa casa se refere ao namorado(a); noivo(a); esposo(a), ou seja, a todo tipo de relacionamento afetivo social e fixo. Não se deve analisá-la em relação a namoros transitórios ou envolvimentos provisórios, sem base emocional (amantes). No caso de o consulente não ter nenhuma parceria fixa, deve ser analisada como uma tendência a que venha a ter um envolvimento fixo em breve. Por exemplo: para um consulente casado, o arcano 12, O Pendurado, mostra que o parceiro se encontra angustiado, com dificuldades de se relacionar, desejando que o consulente seja uma pessoa diferente do que ele é. Se o consulente for solteiro, este mesmo arcano indica que ninguém entrará em sua vida nos próximos meses, que será muito difícil que alguém se relacione com ele.

Observação: Outro dado muito importante para o consulente solteiro é observar o arcano que se encontra na casa 5. Por exemplo, casa 5 – arcano 8, A Justiça, e casa 7 – arcano 1, O Mago: há uma indicação clara de que o consulente será paquerado e receberá uma proposta de namoro, porém seus sentimentos frios e distantes farão com que ele não a aceite. No caso de um consulente casado, podem ser usadas as mesmas associações: o parceiro quer melhorar o relacionamento fazendo novas propostas, mas o consulente não deseja conversa, está distante do afeto.

Casa 8 – Alma

- *Como está o interior do consulente, o seu lado oculto?* Analise pelo plano sentimental. Nessa casa, analisamos aquilo que o consulente não diz para ninguém; ela reflete o verdadeiro estado emocional ou os desejos não revelados. Por exemplo: o arcano 13, A Morte, indica que há muito sofrimento interior, pois ele está tentando mudar sua vida sem que ninguém saiba; o arcano 9, O Eremita, mostra que ele se encontra em paz consigo mesmo.

  Observação: A casa 8, o plano sentimental interior, se expressa na casa 5; por isso, a casa 5 tem um duplo sentido: o afeto pelo parceiro e a expressão emocional pela vida (que geralmente andam juntas). Um exemplo como casa 8 – arcano 9, O Eremita, e casa 5 – arcano 2, A Sacerdotisa, mostra que o consulente está introspectivo, analisando como resolverá seus problemas afetivos – há um sentido de tristeza e ressentimento sendo refletido.

Casa 9 – Projetos

- *Quais os planos do consulente para o futuro, o que ele deseja a longo prazo?* Analise pelo plano mental. Nessa casa, analisamos as expectativas de vida do consulente para além dos três meses, a longo prazo. Eu a considero uma das casas mais importantes, pois revela a vontade de viver e a crença em si, o amor-próprio. A casa 1, plano mental para o presente, e a casa 9, para o futuro, devem ser analisadas em conjunto. Por exemplo, casa 1 – arcano 16, A Torre, e casa 9 – arcano 19, O Sol: indicam que houve uma grande decepção e perdas irreparáveis, por isso o consulente se encontra frustrado e confuso (16), porém mantém seus ideais e projetos futuros com muita clareza e otimismo (19). Em outro exemplo, casa 1 – arcano 4, O Imperador, e casa 9 – arcano 7, O Carro: os planos, tanto atuais quanto futuros, estão numa única linha de raciocínio: vencer ou vencer!

Casa 10 – Realizações

- *Qual o poder que o consulente tem de realizar seus planos brevemente?* – Indicação sempre para um período de mais ou menos três meses. Analise pelo plano material. Nessa casa, observamos qual a saída dos planos nos próximos três meses, a finalização das metas. Basicamente, todas as casas se expressam por meio dessa, que deve ser considerada a força que movimenta a vida para o estágio seguinte. Por exemplo: o arcano 3, A Imperatriz, indica que tudo se desenvolverá como desejado; o arcano 14, A Temperança, revela que nos próximos três meses tudo estará em harmonia, mas, da mesma forma, sem solução imediata; o arcano 20, O Julgamento, mostra que algo inovador surgirá no destino, trazendo mudanças e surpresas.

Observação: Essa é uma casa-chave para a interpretação de todas as outras. Por exemplo, casa 6 – arcano 16, A Torre, e casa 10 – arcano 19, O Sol: os aborrecimentos profissionais não trazem nenhuma consequência grave, tudo será resolvido brevemente; casa 5 – arcano 16, A Torre, e casa 10 – arcano 12, O Pendurado: o sofrimento se manterá de forma idêntica nos próximos meses, será necessário procurar uma ajuda terapêutica; casa 2 – arcano 10, A Roda da Fortuna, e casa 10 – arcano 5, O Sacerdote: a instabilidade financeira está no fim, nos próximos meses tudo se reorganizará.

Casa 11 – Social

- *Como se encontram os amigos do consulente em relação a ele?* Analise pelo plano mental. Essa casa indica o nosso convívio social. Por exemplo: o arcano 20, O Julgamento, mostra que surgirão muitos novos amigos, que está havendo uma renovação; o arcano 17, A Estrela, revela que nossos amigos são sinceros, não haverá nenhum problema nos próximos meses.

Casa 12 – Desafio

- *Qual o carma pessoal que o consulente deve resolver nos próximos três meses?* Analise pela casa de conselho. Essa casa não revela nada do que acontecerá, mas sim o que o consulente deve fazer no momento, aconselha uma postura pessoal. Por exemplo: o arcano 16, A Torre, sugere que o consulente mude radicalmente de atitude; o arcano 2, A Sacerdotisa, recomenda que ele faça uma reflexão profunda do que deseja; o arcano 19, O Sol, aconselha que ele seja otimista, fervoroso e acredite em si. Bom, na realidade, o consulente está se comportando de formas diferentes: no primeiro arcano, ele se mostra orgulhoso e rígido; no segundo, muito impulsivo, e no terceiro, extremamente pessimista.

Lembrete: Cada casa expressará um elemento. Para quem estuda astrologia: cuidado! Não se trata do elemento associado às casas zodiacais, embora este método esteja baseado nelas, mas, sim, do elemento que estou indicando neste método. Por exemplo: casa 1 – plano mental do arcano; casa 2 – plano material do arcano etc. As únicas casas que terão uma análise diferenciada serão a casa central, a síntese, para a qual utilizamos os conceitos gerais do arcano da tarologia, e a casa 12, os desafios, para a qual utilizamos os conceitos da taromancia em relação ao conselho do arcano. Creio que este método não carece de um exemplo completo no momento, pois os significados das casas são claros e as análises dos arcanos são bem distintas.

COMPLEMENTO DESTA LIÇÃO

1. Pesquise em dicionários as seguintes palavras:
    - Positivo
    - Negativo
    - Reverso
    - Síntese
    - Conselho

Avaliação 7

Lições 14, 15 e 16

A) Pegue seu tarô, monte o jogo pelo método Peladan, a seguir, e responda às questões de 1 a 7:

	O Mago	
O Louco	A Lua	O Carro
	O Diabo	

1) **O consulente deve permanecer no trabalho?**
   a) Sim, porque ele está errado e ainda terá muitas chances de sucesso.
   b) Sim, mas ele deve manter a motivação para receber a promoção desejada.
   c) Não, porque tudo está sem rumo e ele nunca mais terá oportunidade.
   d) Nenhuma das opções é correta.

2) **Ele deve continuar namorando?**
   a) Sim, porque o amor ainda existe, é possível reconstruir e o futuro é muito promissor.
   b) Sim, mas deve ser mais meigo, amoroso e compreensivo se quiser casar com o parceiro afetivo atual.
   c) Não, porque está apenas brincando com este parceiro e procurando outra relação.
   d) Nenhuma das opções é correta.

3) **Ele deve abrir a loja de sapatos?**
   a) Sim, porque tudo está bem organizado e o sucesso é garantido.
   b) Sim, mas deve organizar os projetos se quiser abrir logo a empresa.
   c) Não, porque existem muitos obstáculos de ordem financeira.
   d) Nenhuma das opções é correta.

4) **Ele deve mudar de tratamento médico? Por quê?**
   a) Sim, porque o tratamento não está dando resultado, é preciso ter outra opinião médica.
   b) Sim, mas deve manter o médico atual e procurar outro sem ninguém saber.
   c) Não, porque tudo é passageiro e logo tudo estará bem.
   d) Nenhuma das opções é correta.

5) **O que a pessoa que o consulente conheceu deseja dele?**
   a) Uma amizade baseada na honestidade e na troca de interesses.
   b) Nada de especial, somente passar o tempo, ter um colega, talvez sexo, falar bobagens.
   c) Tudo! Amor, sexo, namoro e ser feliz o resto da vida! Casamento!
   d) Nenhuma das opções é correta.

6) **O consulente vai viajar para Paris este ano?**
   a) Sim, embora nada esteja arranjado, depois ele se decidirá.
   b) Não, porque nada está arranjado; mais tarde ele desistirá.
   c) Talvez, tudo depende de sua força de vontade e diretriz.
   d) Nenhuma das opções é correta.

7) **O consulente se casará na data que planejou em seu noivado?**
   a) Sim, embora o casal não esteja se organizando, logo começarão os preparativos.

b) Não, porque o casal mudará de ideia e desistirá do casamento pela falta de amor.
c) Talvez, porque o casal não está preparado para assumir a responsabilidade.
d) Nenhuma das opções é correta.

B) Pegue seu tarô, monte o jogo do Mandala a seguir e responda às questões de 8 a 16:

			O Carro			
		O Diabo		O Eremita		
	O Sol				A Roda da Fortuna	
O Sacertdote			A Imperatriz			O Pendurado
	A Morte				O Louco	
		O Imperador		A Sacerdotisa		
			A Estrela			

8) Como o consulente pensa no dia a dia?
a) Seu plano mental está perfeito, os planos estão coerentes e harmoniosos.
b) Seu plano mental está desorganizado, ele precisa de conselhos de amigos.
c) Seu plano mental está organizado, mas suas ideias precisam ser mais flexíveis.
d) Nenhuma das opções é correta.

9) Qual a situação do consulente no trabalho?
a) O trabalho se encontra desorganizado e ele deve se controlar urgentemente e estabelecer diretrizes.
b) O trabalho se encontra neutro, sem atividade, mas tudo vai melhorar – nada a fazer.
c) Há oportunidades no trabalho; ele receberá uma promoção.
d) Nenhuma das opções é correta.

10) Como está seu parceiro?

a) Ele é muito espiritualizado e se sacrifica para o bem-estar da relação.
b) Ele está muito ressentido e não deseja mais manter a relação.
c) Ele ama tanto que prefere ficar sofrendo calado para ter a relação.
d) Nenhuma das opções é correta.

11) Qual o principal conselho do jogo?

a) O consulente deve ter mais amor-próprio e mudar o que pensa.
b) O consulente deve ter mais amor-próprio e não mudar nada.
c) O consulente deve ter mais amor-próprio e ser mais otimista.
d) Nenhuma das opções é correta.

12) Qual é o estado emocional do consulente?

a) Muito bom, porque ele está feliz e esperançoso de que tudo continuará bem.
b) Muito triste, porque ele está magoado e não tem coragem para resolver seus problemas.
c) De muita ansiedade, porque ele deseja romper definitivamente a relação.
d) Nenhuma das opções é correta.

13) E a família do consulente? Ele receberá apoio emocional?

a) Não, porque ninguém quer saber dos problemas dele, mas todos estão em paz.
b) Sim, porque em casa todos estão dialogando sobre o assunto.
c) Talvez, porque tudo está tão tranquilo que nunca se comentou a questão.
d) Nenhuma das opções é correta.

14) O consulente pode confiar nos amigos?

a) Sim, porque estão ao seu lado, ajudando quando necessário.

b) Talvez, porque estão muito distantes, não têm muita intimidade.
c) Não, porque não são confiáveis, são interesseiros.
d) Nenhuma das opções é correta.

15) **O que acontecerá nos próximos três meses?**
a) Todas as situações ficarão sem solução, estacionadas.
b) Haverá um avanço em todas as situações, e a tendência é de que tudo se resolva.
c) Todas as situações se resolverão pelo próprio destino.
d) Nenhuma das opções é correta.

16) **Como se encontra o destino do consulente?**
a) Os caminhos estão todos fechados, mas ele conseguirá vencer os obstáculos.
b) Os caminhos estão todos abertos, mas ele se encontra muito inflexível e ansioso.
c) Há obstáculos em todos os caminhos, mas ele não se importa com nada.
d) Nenhuma das opções é correta.

OBS.: Veja o gabarito na página 276; errando, estude a lição correspondente.

Lição 17

Estrutura geral – parte 3

O estudo dos arcanos menores é um pouco diferente, pois a sua estrutura não é a mesma que a dos arcanos maiores – lembra das Lições 3 e 4? Cada naipe dos arcanos menores é a manifestação de um único elemento, assim todas as cartas de um mesmo naipe têm uma significação em comum, como um pano de fundo – diferentemente do que ocorre com os arcanos maiores em que cada carta apresenta quatro manifestações distintas (Terra/material, Ar/mental, Água/sentimental, Fogo/espiritual). Embora haja um quantitativo maior de cartas nessa sequência, ela é mais rápida e simples de ser aprendida do que a dos arcanos maiores. Podemos dizer que existem apenas três conceitos simbólicos interligados que formam os arcanos menores [4 x (4 + 10) = 56], ou seja, os naipes (4) multiplicados pelas figuras da corte (4) e somados aos números (10) resultam no número de arcanos menores (56) – enquanto cada carta dos arcanos maiores tem símbolos específicos (22).

Os quatro elementos são o pano de fundo dos arcanos menores, que denominamos naipes. Eles representam degraus evolutivos numa escala de aprendizados – degraus que já estudamos na Aula eletiva 4 (reveja "Degraus da evolução"). Em sua estrutura básica, podemos classificar os naipes da seguinte forma:

Ouros = MATERIAL / Primeiro degrau da evolução = praticidade, poder, controle, realização, eu.

Espadas = MENTAL / Segundo degrau da evolução = diretriz, conceitos, expressão, metas, eu.

Copas = SENTIMENTAL / Terceiro degrau da evolução = desejo, impulso, magnetismo, anseio, eu.

Paus = ESPIRITUAL / Quarto degrau da evolução = compreensão, força interior, reciprocidade, harmonia, nós.

As figuras da corte são comuns aos quatro naipes. Elas representam estágios intermediários entre a força do arcano maior (ideias) e a formação dos arcanos menores numerados (realização). Em sua estrutura básica, podemos classificar as figuras da seguinte forma:

Pajens = Caminho da Aspiração = energia, abundância, dedicação, praticidade.

Cavaleiros = Caminho da Vontade = confiança, persistência, habilidade, idealismo.

Rainhas = Caminho do Objetivo = experiência, poder, preservação, matriarcado.

Reis = Caminho da Realização = realização, produção, dominação, patriarcado.

Os numerados também são comuns aos quatro naipes. Eles simbolizam a trajetória de uma ideia, ato, realização; contudo, assim como a corte, em cada naipe o número representa um passo do estágio para a reta final. Em sua estrutura básica, podemos classificá-los da seguinte forma:

1. INÍCIO = vitalidade, iniciativa, unidade, princípio.
2. REFLEXÃO = dualidade, harmonia, impasse, estudo.
3. DIFUSÃO = equilíbrio, movimento, estruturação, projeção.
4. ESTABILIDADE = estagnação, garantia, controle, posse.

5. RENOVAÇÃO = agitação, instabilidade, insegurança, inverdade.
6. ALTERAÇÃO = opção, fragilidade, hesitação.
7. PROGRESSO = florescimento, profundidade, inventividade, desejo.
8. REGENERAÇÃO = metamorfose, esforço, obstáculos, reformulação.
9. DESENVOLVIMENTO = expectativa, recompensa, adiamento.
10. REALIZAÇÃO = êxito, prosperidade, evolução, poder.

Observação: Na literatura dos arcanos menores, há duas correntes de pensamento: uma oriunda dos *simbologistas,* que seguem um padrão de análise tradicional, e outra dos *cabalistas,* que seguem uma doutrina pessoal para suas ordens esotéricas. Assim, em todos os livros, você encontrará diferenças (duas análises distintas) relativas aos arcanos 6 e 7 de todos os naipes (Ouros, Espadas, Copas e Paus) e também ao Cavaleiro de Espadas, 2 de Espadas, 4 de Copas, 5 de Paus e 10 de Paus. Os demais arcanos menores são analisados de modo idêntico pelas duas correntes. Interessante como ambas estão corretas; contudo, a grande diferença está em que alguns enfatizam mais um determinado aspecto positivo ou negativo do arcano do que outros. Aconselho a nunca tentar unir as duas análises em uma consulta – ou se aplica uma (símbolos) ou a outra (cabala). Esta obra segue a linha tradicional – a dos simbologistas.

Lição 18

Primeiro degrau – Ter

O naipe de Ouros simboliza o contato real com o mundo externo (situações, terceiros, fatos) e a relação integral com o mundo material em todos os níveis, desde a *posse* de um bem ao *contato* físico com alguém. *Nenhum elemento anímico, psíquico ou emocional está envolvido – somente o ter ou não ter, todas as formas de aquisições e realizações.* Ao analisar o naipe de Ouros, tenha em mente que tudo é objetivo e prático nesses arcanos – claro, palpável, real, limitado e material; portanto, não há qualidades sentimentais e nem elucubrações presentes. Assim, durante uma consulta, se você abrir esse naipe no *plano mental* de uma questão, significa, em primeiro lugar, que há uma *ideia* prática e limitada à visão pessoal, enquanto a numeração ou a corte qualifica o sentido "bom" ou "mau" desta objetividade. No plano sentimental, significa uma emoção clara e centrada, enquanto a numeração ou a corte qualifica o tipo emocional como "bom" ou "mau", e o mesmo ocorre no plano espiritual.

Pajem de Ouros

Tarologia: nos tarôs clássicos e modernos, revela um adolescente em pé, com roupas comuns, segurando uma moeda, e/ou uma imagem *de especulação, maestria, jogos*. Esse arcano sugere a aspiração de se realizar algum projeto novo; determina um período de buscas e expectativas.

Taromancia: especulação, novidade, projeto, investigação, capacidade.

- ✓ Em casa de conselho – começar a investir e/ou dedicar-se ao futuro.
- ✓ Em casa negativa – desperdício, morosidade, inércia.

Cavaleiro de Ouros

Tarologia: nos tarôs clássicos e modernos, revela um homem jovem num cavalo, com roupas elegantes, segurando uma moeda, e/ ou imagem *de habilidade, trabalho, busca*. Esse arcano sugere a condução dos planos para sedimentar uma vida sólida, inteligência para construir tudo o que é necessário à própria dignidade; perseverança e resistência para alcançar os ideais.

Taromancia: praticidade, condução, perseverança, habilidade.

- ✓ Em casa de conselho – manter os ideais, deve-se continuar a labuta.
- ✓ Em casa negativa – limitação, descuido, preguiça.

Rainha de Ouros

Tarologia: nos tarôs clássicos e modernos, revela uma mulher adulta, com roupas reais, sentada num trono, segurando uma moeda, e/ou imagem *de matriarcado, nobreza, autoridade.* Esse arcano sugere o esforço para a conservação dos bens, e a realização surge com a dedicação.

RAINHA DE OUROS

Taromancia: preservação, conservação, independência, bem-estar.

- ✓ Em casa de conselho – ter confiança em si mesmo, preservar-se.
- ✓ Em casa negativa – omissão, risco, dependência.

Rei de Ouros

REI DE OUROS

Tarologia: nos tarôs clássicos e modernos, revela um homem adulto com roupas reais, sentado num trono, segurando uma moeda, e/ou uma imagem *de poder material, autoridade, riqueza.* Esse arcano sugere o domínio da vida; o empenho pela estabilidade é sua força incontestável que o levará ao progresso absoluto.

Taromancia: sucesso, segurança, progresso, desenvolvimento.

- ✓ Em casa de conselho – ser corajoso, autoconfiante, buscar a realização.
- ✓ Em casa negativa – retrocesso, dificuldades, avareza.

Ás de Ouros

ÁS

Tarologia: nos tarôs clássicos e modernos, revela uma moeda e/ou uma imagem *de esplendor, abundância, alegria.* Esse arcano sugere a total capacidade de projetar e obter tudo o que desejamos para proveito próprio, isto é, a chance de atingirmos nosso projeto com prosperidade.

Taromancia: realização, disposição, ampliação, sorte.

- ✓ Em casa de conselho – buscar o equilíbrio e/ou a segurança pessoal.
- ✓ Em casa negativa – má-fé, tristeza, azar.

Dois de Ouros

Tarologia: nos tarôs clássicos e modernos, revela duas moedas e/ou uma imagem *de escambo, malabarismo, obstáculo*. Esse arcano sugere que forças reversas à realização da vontade estão atuando; há preocupação gerada pela dualidade e um confronto estabelecido, divisão de ideias e confusão desnecessária.

Taromancia: impasse, adiamento, obstáculo transponível, divisão.

- ✓ Em casa de conselho – conciliar os opostos, trocar ideias, aceitar os limites.
- ✓ Em casa negativa – união, novidade, despreocupação.

Três de Ouros

Tarologia: nos tarôs clássicos e modernos, revela três moedas e/ou uma imagem *de empreendimento, construção, fertilidade*. Esse arcano sugere expansão por meio de sociedades e contratos – do profissional ao afetivo; movimento para o progresso, de acordo com o trabalho executado.

Taromancia: crescimento, expansão, associação, satisfação.

- ✓ Em casa de conselho – aceitar as propostas do destino, fazer acordos.
- ✓ Em casa negativa – desinteresse, rompimento, negligência.

Quatro de Ouros

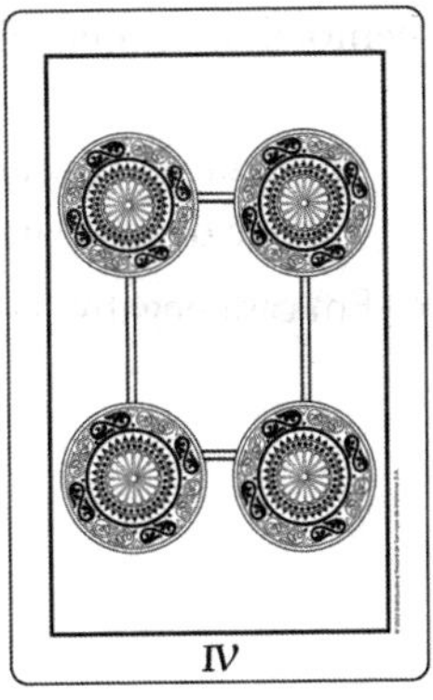

Tarologia: nos tarôs clássicos e modernos, revela quatro moedas e/ou uma imagem *de limitação, encastelamento ou quadrado*. Esse arcano sugere o domínio material em seu sentido de posse e guarda efetiva; incapacidade de compartilhar tanto os sentimentos quanto os valores materiais.

Taromancia: retenção, posse, limitação, avareza.

- ✓ Em casa de conselho – manter o controle sobre tudo, não dividir nada, não investir.
- ✓ Em casa negativa – liberdade, desprendimento, investimento.

CINCO DE OUROS

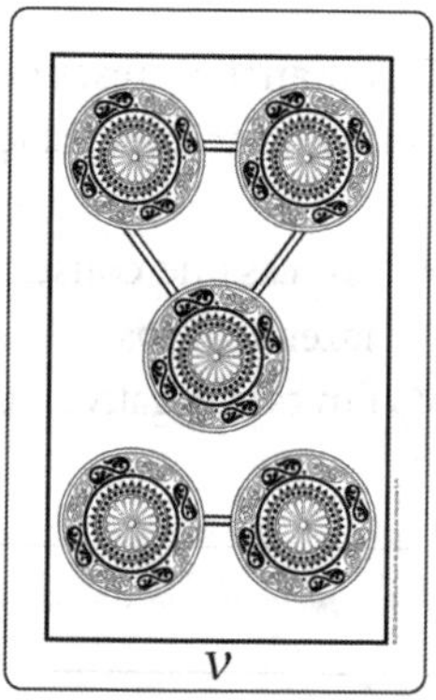

Tarologia: nos tarôs clássicos e modernos, revela cinco moedas e/ou uma imagem *de pobreza, desperdício, inverno*. Esse arcano sugere a desestabilização, um afastamento temporário com prejuízos futuros, desperdício nos investimentos profissionais e enfraquecimento nos envolvimentos afetivos.

Taromancia: prejuízo, enfraquecimento, desarmonia, dissipação.

- ✓ Em casa de conselho – não é o momento de ganhar, deve-se deixar para depois.
- ✓ Em casa negativa – ganhos, disposição, concentração.

Seis de Ouros

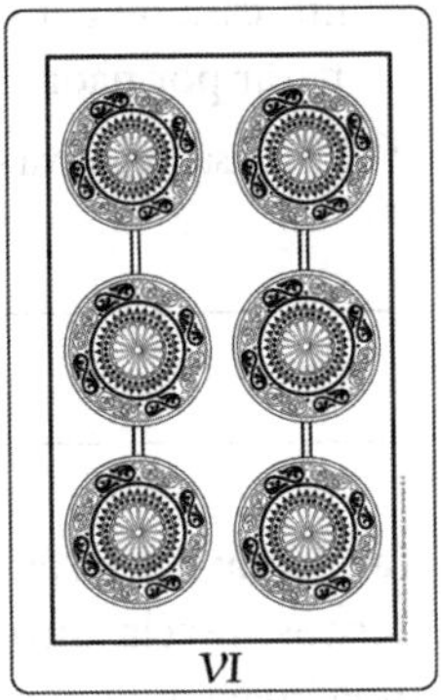

Tarologia: nos tarôs clássicos e modernos, revela seis moedas e/ou uma imagem *de oferta, venda, caminho.* Esse arcano sugere o aperfeiçoamento para realizações futuras, decisões que dependem unicamente da pessoa para o equilíbrio da vida; hesitação temporária por limitação pessoal.

Taromancia: opção, aperfeiçoamento, limitação, indecisão.

- ✓ Em casa de conselho – analisar e pesquisar melhor antes de realizar.
- ✓ Em casa negativa – precipitação, egoísmo, dívida desnecessária.

Sete de Ouros

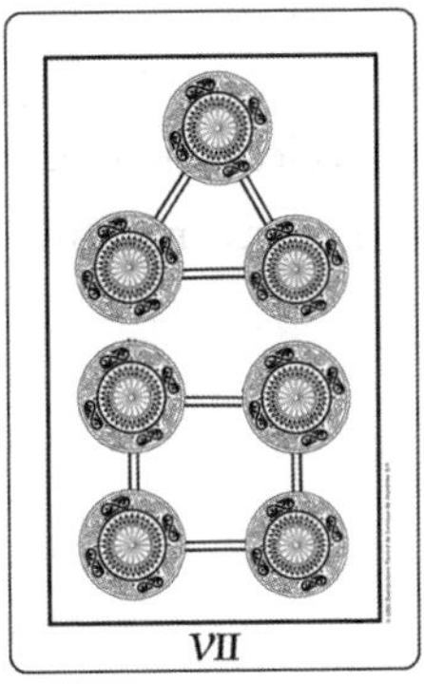

Tarologia: nos tarôs clássicos e modernos, revela sete moedas e/ou uma imagem *de descobertas, tesouro, oferecimentos.* Esse arcano sugere ação consciente do poder pessoal; ganho e progresso nos objetivos; sociedades e uniões que se tornam estáveis; período de sorte e chances diversas.

Taromancia: expansão, progresso, equilíbrio, ganhos.

- ✓ Em casa de conselho – continuar com os esforços, não parar por nada.
- ✓ Em casa negativa – imprudência, infortúnio, desequilíbrio.

Oito de Ouros

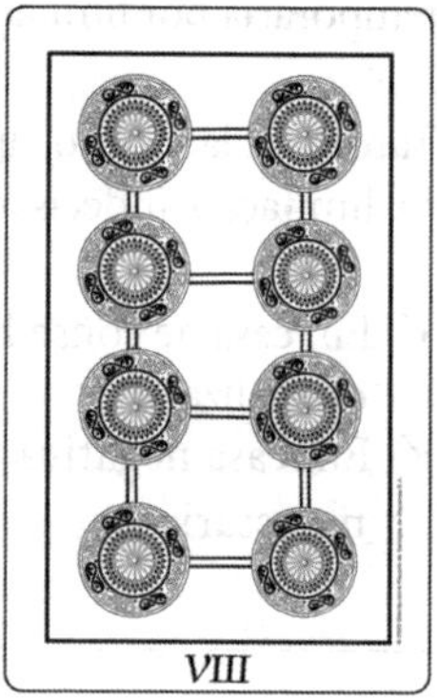

Tarologia: nos tarôs clássicos e modernos, revela oito moedas e/ou uma imagem *de aprendizagem, trabalho, atividade*. Esse arcano sugere o início de uma aprendizagem na vida; esforços com perspectivas agradáveis; novos caminhos que serão importantes para o florescimento da vida.

Taromancia: oportunidade, início, aprendizado, compromissos.

- ✓ Em casa de conselho – aceitar o novo, buscar uma reciclagem, renovação.
- ✓ Em casa negativa – desinteresse, presunção, orgulho.

Nove de Ouros

Tarologia: nos tarôs clássicos e modernos, revela nove moedas e/ou uma imagem *de satisfação, conforto, riqueza*. Esse arcano sugere a capacidade para resolver qualquer problema com sucesso; promessas e previsões que se realizam; recuperação de tudo o que foi desperdiçado.

Taromancia: recompensa, estabilidade, evolução, segurança.

- ✓ Em casa de conselho – ter autoconfiança e agir com prudência.
- ✓ Em casa negativa – trapaça, oportunismo, falsidade.

Dez de Ouros

Tarologia: nos tarôs clássicos e modernos, revela dez moedas e/ou uma imagem *de riqueza, família, nobreza*. Esse arcano sugere realização total e harmoniosa dos desejos e vontades; boa sorte e soluções totalmente favoráveis; todos os problemas serão dissipados; alegria em conquistar o que se deseja.

Taromancia: êxito, satisfação, glória, sorte.

- ✓ Em casa de conselho – crer em si c na vida, continuar a qualquer custo.
- ✓ Em casa negativa – risco, perdas, insensatez.

COMPLEMENTO DESTA LIÇÃO

1. Pesquisar em dicionários a palavra-chave (atributo principal) de cada arcano do naipe de Ouros.
   - Especulação – Pajem de Ouros.
   - Praticidade – Cavaleiro de Ouros.
   - Preservação – Rainha de Ouros.
   - Sucesso – Rei de Ouros.
   - Realização – Ás de Ouros.
   - Impasse – Dois de Ouros.
   - Crescimento – Três de Ouros.
   - Retenção – Quatro de Ouros.
   - Prejuízo – Cinco de Ouros.
   - Opção – Seis de Ouros.
   - Expansão – Sete de Ouros.
   - Oportunidade – Oito de Ouros.
   - Recompensa – Nove de Ouros.
   - Êxito – Dez de Ouros.

Lição 19

Segundo degrau – Ser

O naipe de Espadas simboliza a dinâmica pessoal no mundo social – situações com terceiros e diante de fatos preestabelecidos – e a relação integral do mundo psíquico com o mundo material em todos os níveis, desde a *diretriz* de ter um bem até a *vontade* do contato físico com alguém. Contudo, essa série não trata da aquisição real, somente da *intenção* ou da *ação de possuir*. O naipe de Espadas é isento de compaixão, perdão, paz, equilíbrio, pois o ego, a obsessão, a ambição e a ganância são profundos, deixando o campo das ideias limitado unicamente à razão e aos conceitos pessoais. Quando analisar esse naipe, tenha em mente que tudo é racional e pessoal – determinado, planejado, definido e intencional; portanto, não há qualidades espirituais nem poder material. Assim, durante uma consulta, se você abrir esse naipe no *plano material* de uma questão, significa, em primeiro lugar, que há muita determinação pessoal e luta para se realizar algo, enquanto a numeração ou a corte qualifica o sentido "bom" ou "mau" desta meta, já se partindo, porém, do princípio de que existe dificuldade em obtê-la. No plano sentimental, significa a emoção racional e egoísta, enquanto a numeração ou a corte qualifica o tipo emocional como "bom" ou "mau". No plano espiritual, significa, em princípio, total falta de compreensão dos limites pessoais, enquanto a numeração ou a corte indica o estágio de negatividade.

Pajem de Espadas

PAJEM DE ESPADAS

Tarologia: nos tarôs clássicos e modernos, revela um adolescente com roupas simples, em pé, segurando uma espada, e/ou uma imagem *de falsidade, malevolência, intriga.* Esse arcano sugere pouca elaboração mental e visão diminuta da vida, curiosidade fútil sobre o poder alheio, inconsistência na palavra e atitudes, vaidade em todos os níveis.

Taromancia: intriga, vaidade, imaturidade, curiosidade.

- ✓ Em casa de conselho – ser evasivo, não revelar o que deseja.
- ✓ Em casa negativa – verdade, vigilância, cooperação.

Cavaleiro de Espadas

CAVALEIRO DE ESPADAS

Tarologia: nos tarôs clássicos e modernos, revela um homem jovem com roupas luxuosas, montado num cavalo, segurando uma espada, e/ou uma imagem *de intrepidez, batalha, bravura.* Esse arcano sugere muita inteligência e perspicácia; força de vontade e ação decisiva nos imprevistos; sagacidade e perícia em realizar os desejos.

Taromancia: ímpeto, bravura, intrepidez, conquista.

- ✓ Em casa de conselho – ter disposição e coragem para enfrentar os problemas.
- ✓ Em casa negativa – incapacidade, medo, fracasso.

Rainha de Espadas

Tarologia: nos tarôs clássicos e modernos, revela uma mulher adulta com roupas reais, sentada num trono, segurando uma espada, e/ou uma imagem *de crueldade, frieza, bruxaria.* Esse arcano sugere falta de sensibilidade e compreensão; fanatismo e/ou obsessão por fatos passados; tristeza e adversidade causadas por si mesmo.

Taromancia: obsessão, intolerância, ambição, solidão.

- ✓ Em casa de conselho – manter o desejo e a vontade, não desistir dos ideais.
- ✓ Em casa negativa – lassidão, limitação, fraqueza.

Rei de Espadas

Tarologia: nos tarôs clássicos e modernos, revela um homem adulto, com roupas reais, sentado num trono, segurando uma espada, e/ou uma imagem *de poder social, de autoridade, de um general.* Esse arcano sugere liderança e controle de qualquer situação, certa ou errada; vitória absoluta, certa ou errada; superioridade e poder pessoal; conquista eficaz e organização da vida.

Taromancia: vitória, domínio, estratégia, liderança.

- ✓ Em casa de conselho – ser austero, combativo e administrador dos fatos.
- ✓ Em casa negativa – fracasso, perversão, estagnação.

Ás de Espadas

Tarologia: nos tarôs clássicos e modernos, revela uma espada e/ou uma imagem *de ação, força, poder.* Esse arcano sugere a inteligência e a capacidade de ação; intenção irreversível e sentimentos profundos; disposição incansável para realizar a vontade, seja boa ou má. (O Ás de Espadas

fortalece o significado bom ou mau do arcano maior que estiver acompanhando.)

Taromancia: ação, conquista, persuasão, dinamismo.

- ✓ Em casa de conselho – ter disposição e garra para alcançar o que se deseja.
- ✓ Em casa negativa – infortúnio, indolência, enfraquecimento.

Dois de Espadas

Tarologia: nos tarôs clássicos e modernos, revela duas espadas e/ou uma imagem *de luta, disputa, rivalidade*. Esse arcano sugere interrupção de uma ação, diretriz ou meta; discussões sem uma solução; rivalidade e deturpação dos fatos por orgulho e falta de compreensão da vida.

Taromancia: discórdia, rivalidade, empate, deturpação.

- ✓ Em casa de conselho – mesmo diante de obstáculos, lutar pelos seus ideais e desejos.
- ✓ Em casa negativa – harmonia, acordo, afinidade.

Três de Espadas

Tarologia: nos tarôs clássicos e modernos, revela três espadas e/ou uma imagem *de dor, morte, ferimento.* Esse arcano sugere desencanto, tristeza e lágrimas com relação aos resultados idealizados; consciência entorpecida pelos desenganos e mentiras; nenhuma promessa, palavra ou contrato é cumprido a contento.

Taromancia: decepção, desilusão, rompimento, fracasso.

- ✓ Em casa de conselho – eliminar tudo o que aflige, terminar, renovar.
- ✓ Em casa negativa – alegria, união, trocas.

Quatro de Espadas

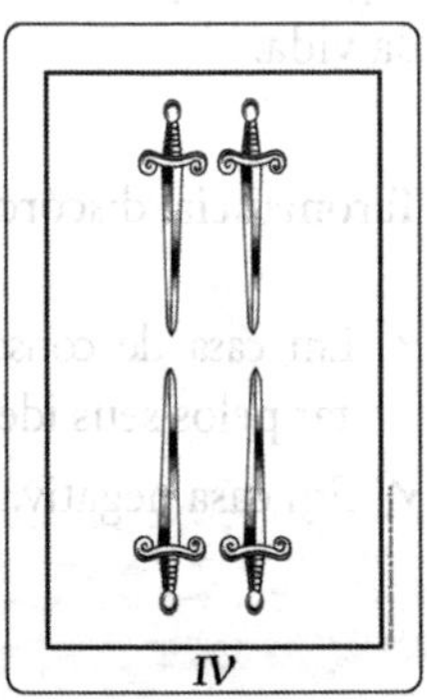

Tarologia: nos tarôs clássicos e modernos, revela quatro espadas e/ou uma imagem *de suspensão, desarmamento, repouso.* Esse arcano sugere atos e atitudes em suspensão, imobilização não desejada e obstáculo intransponível; fadiga por incapacidade de evolução ou falta de um pensamento claro e preciso.

Taromancia: inércia, adiamento, silêncio, suspensão.

- ✓ Em casa de conselho – deixar o destino fluir, adiar seu planejamento, descansar.
- ✓ Em casa negativa – convites, solução, oportunidade.

Cinco de Espadas

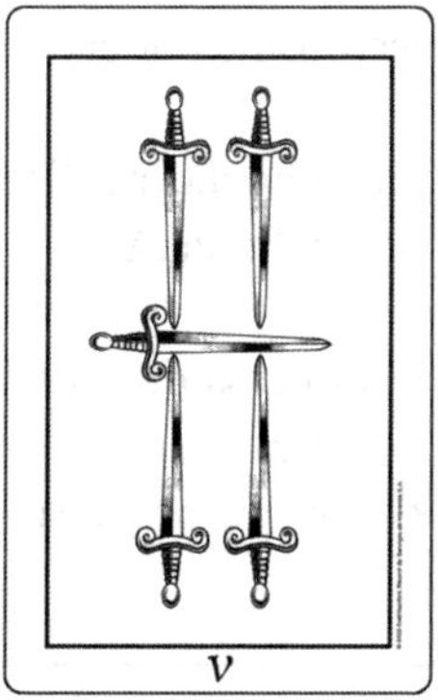

Tarologia: nos tarôs clássicos e modernos, revela cinco espadas e/ou uma imagem *de fracasso, perdas, decepção.* Esse arcano sugere repetição de erros ou a insistência em algo inútil e sem futuro; desperdício de tempo precioso com explicações e conceitos inúteis; degradação moral pela ânsia de poder ou posse de qualquer coisa.

Taromancia: desperdício, engano, desequilíbrio, infâmia.

- ✓ Em casa de conselho – deixar o tempo passar, não fazer nada, não opinar.
- ✓ Em casa negativa – produtividade, diligência, justiça.

Seis de Espadas

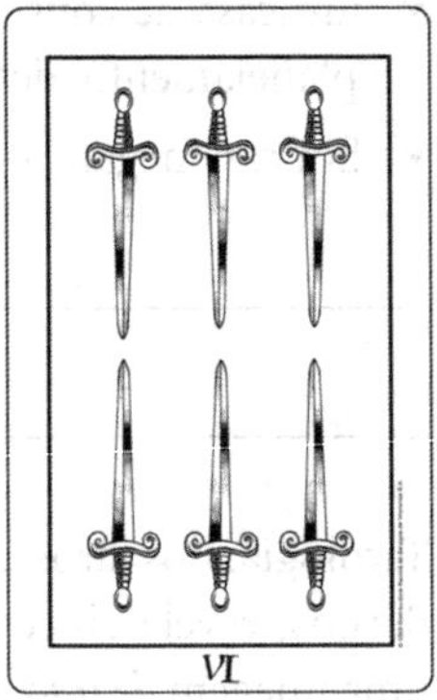

Tarologia: nos tarôs clássicos e modernos, revela seis espadas e/ou uma imagem *de viajante, plateia, oferenda.* Esse arcano sugere indecisão na conciliação com o meio ambiente; imaturidade nos confrontos e falta de reflexão nos propósitos; ansiedade e nervosismo por não saber do futuro.

Taromancia: negligência, inação, espera, hesitação.

- ✓ Em casa de conselho – tirar umas boas férias, buscar o lazer.
- ✓ Em casa negativa – labuta, responsabilidade, esforço.

Sete de Espadas

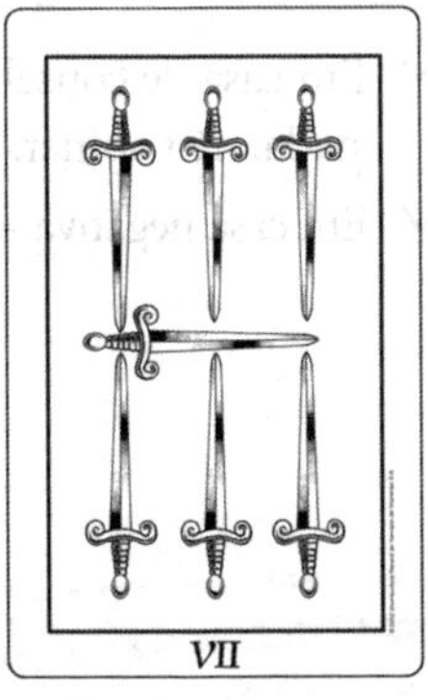

Tarologia: nos tarôs clássicos e modernos, revela sete espadas e/ou uma imagem *de tentativa, diplomacia, astúcia.* Esse arcano sugere uma possibilidade de reconquista dos projetos; novos planos com esperanças em meio a incertezas; o ganho é possível se houver perspicácia, uma chance de reorganização.

Taromancia: cautela, possibilidade, empenho, esperança.

- ✓ Em casa de conselho – ser diplomata, falar o necessário e ter cuidado.
- ✓ Em casa negativa – despreparo, imprevidência, negligência.

Oito de Espadas

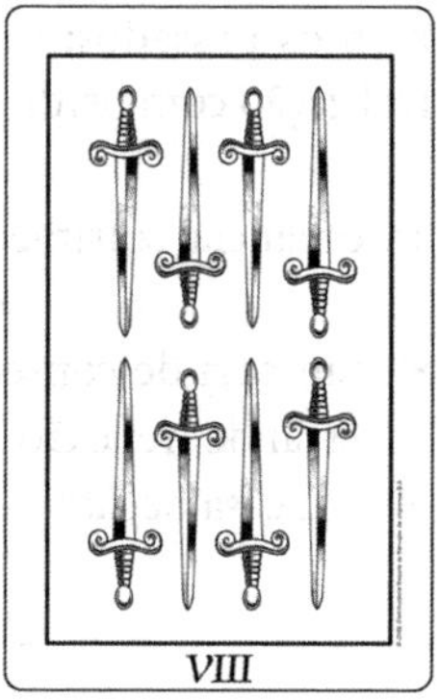

Tarologia: nos tarôs clássicos e modernos, revela oito espadas e/ou uma imagem *de fracasso, perda, falecimento*. Esse arcano sugere perigo e conflito iminente por traição ou engodo; esforço inútil pela libertação dos problemas acumulados; limitação e dissolução da vontade e do poder pessoal; erros e mentiras que são descobertos; crítica social e familiar.

Taromancia: perigo, perda, conflito, insegurança.

- ✓ Em casa de conselho – revelar toda verdade, não comungar com a injustiça.
- ✓ Em casa negativa – superação, ganho, controle.

NOVE DE ESPADAS

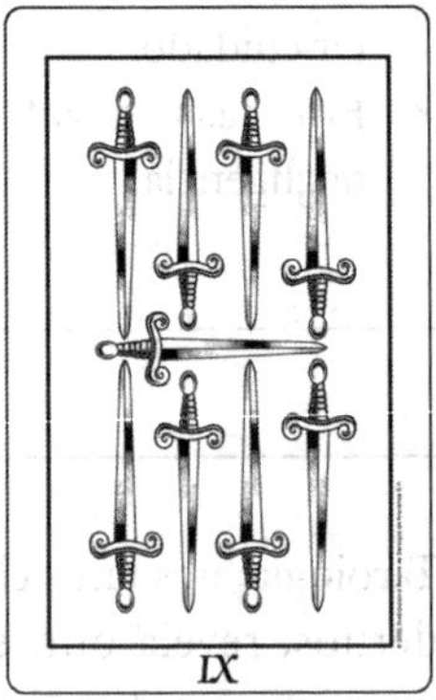

Tarologia: nos tarôs clássicos e modernos, revela nove espadas e/ou uma imagem *de angústia, desespero, aflição*. Esse arcano sugere dúvidas, incertezas e profunda preocupação em relação ao futuro; estado de medo ou abandono; discórdia e sofrimento em função de acontecimentos passados; infelicidade na realização com perda irreparável.

Taromancia: sofrimento, penúria, malogro, fracasso.

- ✓ Em casa de conselho – isolar-se e analisar em que está errando, reflexão.
- ✓ Em casa negativa – crédito, realização, felicidade.

DEZ DE ESPADAS

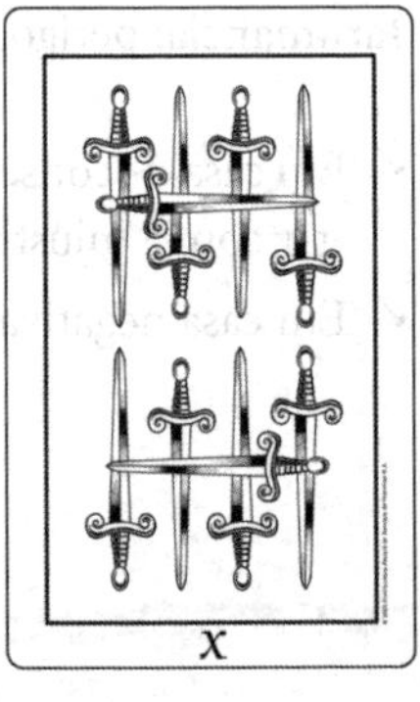

Tarologia: nos tarôs clássicos e modernos, revela dez espadas e/ou uma imagem *de morte, término, resolução*. Esse arcano sugere decisão imediata com conhecimento de causa e efeito, dor ou prazer; libertação da opressão; término imediato de todo tipo de situação nociva em qualquer plano; abandono das convicções e dogmas antigos para criar um novo estilo de vida.

Taromancia: finalização, rompimento, definição, renovação.

✓ Em casa de conselho – transformar a vida, mudar de paradigma.
✓ Em casa negativa – progresso, desenvolvimento, lucros.

COMPLEMENTO DESTA LIÇÃO

1. Pesquisar em dicionários a palavra-chave (atributo principal) de cada arcano do naipe de Espadas.
   - Intrigas – Pajem de Espadas.
   - Ímpeto – Cavaleiro de Espadas.
   - Obsessão – Rainha de Espadas.
   - Vitória – Rei de Espadas.
   - Ação – Ás de Espadas.
   - Discórdia – Dois de Espadas.
   - Decepção – Três de Espadas.
   - Inércia – Quatro de Espadas.
   - Desperdício – Cinco de Espadas.
   - Negligência – Seis de Espadas.
   - Cautela – Sete de Espadas.
   - Perigo – Oito de Espadas.
   - Sofrimento – Nove de Espadas.
   - Finalização – Dez de Espadas.

Avaliação 8

Lições 17, 18 e 19

1) **Qual o simbolismo de todos os Cavaleiros?**
   a) Persistência, idealismo, coragem.
   b) Confronto, disputa, batalha.
   c) Dedicação, investigação, vontade.
   d) Todas as opções estão corretas.

2) **A corte simboliza qual caminho de evolução?**
   a) Ter, Ser, Estar, Ficar.
   b) Vontade, Prazer, Dor, Evolução.
   c) Aspiração, Vontade, Objetivo, Realização.
   d) Todas as opções estão corretas.

3) **O que representam os arcanos de número 10?**
   a) Iniciativa, vontade, desejo.
   b) Evolução, realização, sucesso.
   c) Prosperidade, equilíbrio, garantia.
   d) Todas as opções estão corretas.

4) **O que é representado pelo naipe de Ouros?**
   a) O mundo tangível e material.
   b) O mundo abstrato e emocional.
   c) O mundo racional e objetivo.
   d) Todas as opções estão corretas.

5) **O que é representado pelo naipe de Espadas?**
   a) O mundo mental, racional e inteligível.
   b) O mundo das diretrizes, metas e ideais.
   c) O mundo do egoísmo, ciúme, raiva e dor.
   d) Todas as opções estão corretas.

6) **Qual a diferença entre o Dois de Ouros e o Dois de Espadas?**
   a) Um indica discussões por possessividade e o outro, por ciúme.

b) Um indica rivalidade de ordem material e o outro, social.
c) Um indica um obstáculo transponível e o outro, intransponível.
d) Todas as opções estão corretas.

7) **Qual a diferença entre o Dez de Ouros e o Dez de Espadas?**
a) Um indica o sucesso desejado e o outro, o final dos problemas.
b) Um indica a realização pessoal e o outro, o sucesso social.
c) Um indica o êxito dos desejos e o outro, a prosperidade.
d) Todas as opções estão erradas.

8) **Associe os arcanos ao seu atributo principal.**
a) Nove de Ouros.
b) Três de Espadas.
c) Pajem de Ouros.
d) Oito de Espadas.
e) Rei de Ouros.
f) Quatro de Ouros.
g) Sete de Ouros.

1) Decepção.
2) Oportunidade.
3) Perigo.
4) Expansão.
5) Retenção.
6) Especulação.
7) Sucesso.

9) **Qual a diferença entre o Quatro de Ouros e o Quatro de Espadas?**
a) Um indica a obstinação sobre a vida e o outro, sobre si mesmo.
b) Um indica a posse sobre o que se possui e o outro, o ciúme.
c) Um indica o pleno domínio do que se possui e o outro, a falta de domínio.
d) Todas as opções estão erradas.

10) **Em que o Ás de Ouros e o Ás de Espadas se assemelham?**
   a) Ambos indicam o controle absoluto sobre a vontade.
   b) Ambos indicam o poder pessoal da realização.
   c) Ambos indicam a chance de prosperidade.
   d) Todas as opções estão corretas.

11) **Em que o Ás de Ouros e o Ás de Espadas se diferenciam?**
   a) Um indica a chance e o outro, a persuasão.
   b) Um indica a certeza e o outro, a hesitação.
   c) Um indica o poder e o outro, a intenção.
   d) Todas as opções estão corretas.

12) **Em que o Rei de Ouros e o Rei de Espadas se assemelham?**
   a) Ambos indicam coragem, determinação e praticidade.
   b) Ambos indicam poder, conquista e vitória.
   c) Ambos indicam êxito, sucesso e progresso.
   d) Todas as opções estão corretas.

13) **Em que o Rei de Ouros e o Rei de Espadas se diferenciam?**
   a) Um indica a generosidade e o outro, a autoridade.
   b) Um indica o paternalismo e o outro, a opressão.
   c) Um indica a perseverança e o outro, a perspicácia.
   d) Todas as opções estão corretas.

14) **O que significam os arcanos Oito e Nove de Espadas?**
   a) Perdas e sofrimentos causados por erros dos outros.
   b) Perdas e sofrimentos causados pelos próprios erros.
   c) Perdas e sofrimentos causados pelo destino.
   d) Todas as opções estão corretas.

15) **Qual a diferença entre o Seis de Ouros e Seis de Espadas?**
   a) Um indica a hesitação na escolha de algo e o outro, a hesitação por não se saber o que fazer.
   b) Um indica a reflexão sobre o futuro e o outro, que não se pensa em nada.
   c) Um indica a escolha de novos caminhos e o outro, que se tem preguiça.
   d) Todas as opções estão corretas.

16) **Associe os arcanos e suas frases:**

a) Quatro de Espadas.
b) Nove de Ouros.
c) Rainha de Espadas.
d) Cinco de Espadas.
e) Pajem de Espadas.
f) Sete de Espadas.
g) Rainha de Ouros.

1) Eu tenho a inércia e o adiamento da vida, estou muito cansado para continuar.
2) Eu tenho a recompensa e a estabilidade da vida, trabalhei muito para chegar ao topo.
3) Eu tenho a preservação e a conservação da vida, nada pode escapar ao meu controle.
4) Eu tenho a obsessão e a vingança, as marcas que me deixaram causaram minha amargura.
5) Eu tenho o desperdício e o engano da vida, minhas ideias estão me levando ao fracasso.
6) Eu tenho a intriga e a imaturidade, acho que minha vaidade é maior que a minha consciência, será?
7) Eu tenho a cautela e a diplomacia, minha situação é frágil e talvez haja uma possibilidade.

17) **Associe os arcanos e sua simbologia negativa:**

a) Oito de Espadas.
b) Ás de Ouros.
c) Quatro de Ouros.
d) Dois de Espadas.

1) Afinidade, harmonia, acordo.
2) Tristeza, azar, má-fé.
3) Ajuda, ganho, superação.
4) Investimento, liberdade, respeito.

OBS.: Veja o gabarito na página 276; errando, estude a lição correspondente.

Lição 20

Terceiro degrau – Estar

O naipe de Copas simboliza o contato exclusivo com o mundo pessoal interno – alma, âmago, desejo – e as repercussões maléficas ou benéficas que o mundo externo – material, social, pessoas, objetos – imprime aos sentimentos. Assim, temos o aspecto pessoal, desde o *desejo* da posse de um bem até a *aspiração* pelo contato físico com alguém. Essa é a série mais mutável, pois os valores emocionais não têm limites, tendem à irracionalidade; é como estar anestesiado para a realidade, onde se observa apenas os desejos do momento. Contudo, esse naipe não apresenta a qualidade mental agressiva e inflexível que vimos na série de Espadas, mas a qualidade sonhadora, lírica e poética. Poderíamos dizer que esses dois naipes (Espadas e Copas) são as polaridades da psique humana (o psicoemocional) que buscam seu cerne no naipe de Paus – equilíbrio, maturidade e evolução. Quando você analisar o naipe de Copas, tenha em mente que tudo é emocional e pessoal nesses arcanos – desejo, paixão, imaginação, sonho; portanto, não há qualidades racionais e nem poder material, unicamente valores pessoais. Assim, durante uma consulta, ao abrir esse naipe no *plano material* de uma questão, significa, em primeiro lugar, que há muitos sonhos e promessas a serem realizados, enquanto a numeração ou a corte qualifica o sentido "bom" ou "mau" deste sonho; já se parte do princípio entretanto, de que tudo é um ponto de vista. No plano *mental*, significa a imaginação excessiva, enquanto a numeração ou a corte qualifica o tipo racional como "bom" ou "mau". No plano espiritual, significa, em princípio, a busca da espiritualidade, enquanto a numeração ou a corte indica o estágio.

Pajem de Copas

Tarologia: nos tarôs clássicos e modernos, revela um adolescente em pé, com roupas simples, segurando uma taça, e/ou uma imagem *de doação, doçura, sinceridade*. Esse arcano sugere proposta verdadeira e sincera; motivação bem-intencionada para o futuro, desejo de ser feliz; reconciliação com a vida.

Taromancia: confiança, harmonia, renovação, aceitação.

✓ Em casa de conselho – ser honesto e servir ao próximo.
✓ Em casa negativa – intriga, mexerico, dissimulação.

CAVALEIRO DE COPAS

Tarologia: nos tarôs clássicos e modernos, revela um homem jovem com roupas elegantes, montado num cavalo, segurando uma taça, e/ou uma imagem *de sedução, bardo, serenata*. Esse arcano sugere proposta encantadora, mas duvidosa; profunda atração e sedução com estímulo à fantasia; futilidade e armadilha na própria palavra; prosperidade ilusória e progresso enganoso.

CAVALEIRO DE COPAS

Taromancia: volubilidade, sedução, ilusão, possibilidade.

- ✓ Em casa de conselho – entregar-se aos desejos, viver intensamente a vida.
- ✓ Em casa negativa – amizade, sinceridade, afeição.

RAINHA DE COPAS

Tarologia: nos tarôs clássicos e modernos, revela uma mulher adulta com roupas reais, sentada num trono, segurando uma taça e/ou uma imagem *de mistério, placidez, matriarca*. Esse arcano sugere a formulação de enigmas sem causar nenhum problema; preservação da vida sem movimento progressivo; aparente insensibilidade.

RAINHA DE COPAS

Taromancia: dissimulação, mistério, enigma, passividade.

- ✓ Em casa de conselho – ter paciência, não se opor a nada, não assumir nenhuma posição.
- ✓ Em casa negativa – generosidade, clareza, certeza.

Rei de Copas

REI DE COPAS

Tarologia: nos tarôs clássicos e modernos, revela um homem adulto com roupas reais, sentado num trono e segurando uma taça, e/ou uma imagem *de altivez; utopia, indiferença*. Esse arcano sugere a generosidade sem se importar com as dificuldades; fé e autoconfiança frente aos obstáculos; paixão profunda e entrega total aos desejos; responsabilidade assumida em meio ao caos.

Taromancia: progresso, felicidade, idealismo, vaidade.

- ✓ Em casa de conselho – cuidar de si, manter a vontade e o amor-próprio.
- ✓ Em casa negativa – instabilidade, perdas, hipocrisia.

Ás de Copas

Tarologia: nos tarôs clássicos e modernos, revela uma taça e/ou uma imagem *de abundância, alegria, regozijo*. Esse arcano sugere a alegria pessoal pela abundância desejada; resolução de todos os problemas; força vital e proteção nos objetivos; generosidade e plenitude nas diretrizes.

Taromancia: felicidade, alegria, esplendor, amor.

- ✓ Em casa de conselho – buscar a felicidade almejada e a harmonia.
- ✓ Em casa negativa – falsidade, desengano, tristeza.

Dois de Copas

Tarologia: nos tarôs clássicos e modernos, revela duas taças e/ou uma imagem *de romance, namoro, amor*. Esse arcano sugere a troca de afeição e concórdia profunda; associação, união e cooperação; tranquilidade e sucesso nos objetivos; reconciliação e novas perspectivas na vida.

Taromancia: união, amor, sociedade, harmonia.

- ✓ Em casa de conselho – ser sincero e ter amizade e afeição pelo próximo.
- ✓ Em casa negativa – desorientação, desamor, obstáculo.

Três de Copas

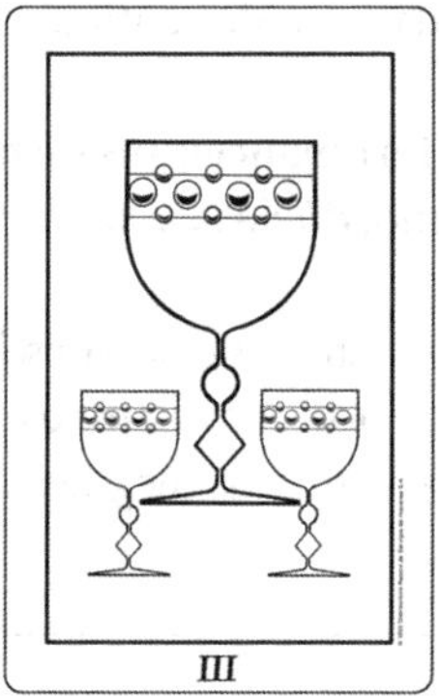

Tarologia: nos tarôs clássicos e modernos, revela três taças e/ou uma imagem *de alegria; união, bodas*. Esse arcano sugere sublimação, busca da felicidade; término definitivo de situações tensas ou problemáticas; acordos bem-sucedidos e prósperos; amor abundante e sincero.

Taromancia: resolução, prazer, paz, alívio.

- ✓ Em casa de conselho – aceitar tudo o que a vida oferece, ser otimista.
- ✓ Em casa negativa – luxúria, vaidade, ambição.

QUATRO DE COPAS

Tarologia: nos tarôs clássicos e modernos, revela quatro taças e/ou uma imagem *de declínio, cansaço, parada*. Esse arcano sugere crenças inequívocas e acúmulo negativo dos sentimentos; desapontamento; visão estreita; rejeição de oportunidade ou do sentimento alheio.

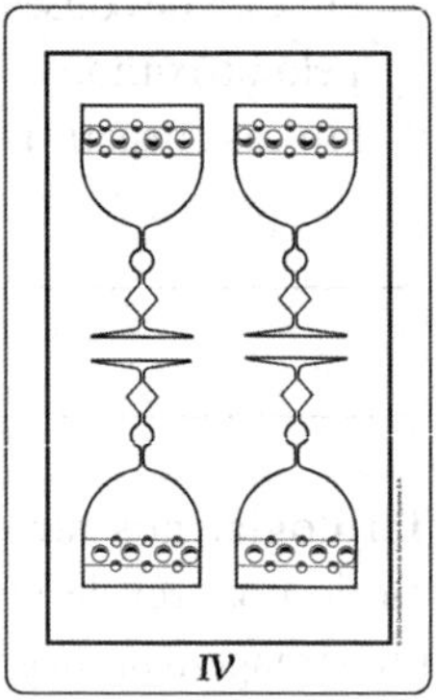

Taromancia: insatisfação, desânimo, dúvidas, estagnação.

- ✓ Em casa de conselho – deve-se parar, refletir e analisar todos os aspectos.
- ✓ Em casa negativa – prazer, satisfação, disposição.

CINCO DE COPAS

Tarologia: nos tarôs clássicos e modernos, revela cinco taças e/ou uma imagem *de tristeza, mágoa, abandono*. Esse arcano sugere resultado frustrante, arrependimento emocional; união e sociedade sem valores; imperfeição nas metas e falta de amor-próprio; amargura e melancolia introjetadas na alma.

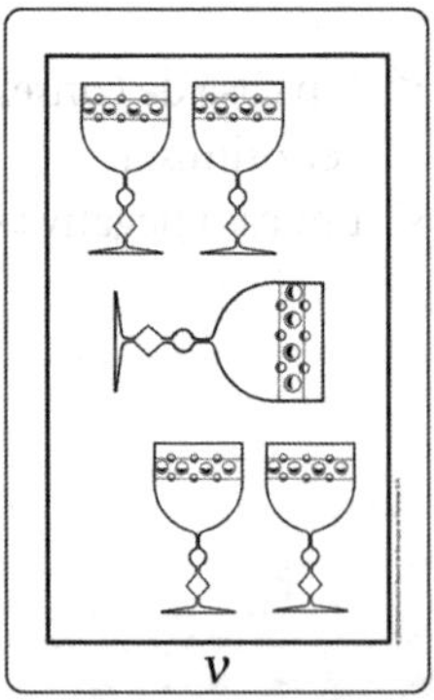

Taromancia: frustração, arrependimento, desgosto, distanciamento.

- ✓ Em casa de conselho – manter a calma, afastar-se dos problemas e não resolver nada.
- ✓ Em casa negativa – reconciliação, objetividade, segurança.

Seis de Copas

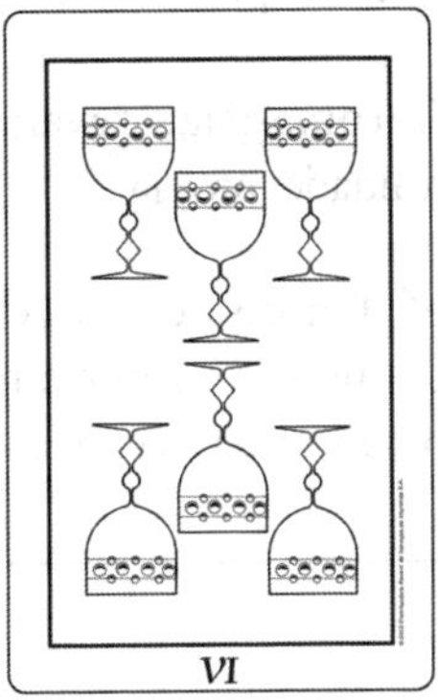

Tarologia: nos tarôs clássicos e modernos, revela seis taças e/ou uma imagem *de recordação, morte, tristeza*. Esse arcano sugere saudades e nostalgia de algo que nunca mais retornará; realização por conveniência que não terá um resultado feliz; comparação entre o passado e o presente.

Taromancia: lamentação, saudade, nostalgia, angústia.

- ✓ Em casa de conselho – resolver e/ou eliminar situações pendentes do passado.
- ✓ Em casa negativa – esperança, recuperação, entusiasmo.

Sete de Copas

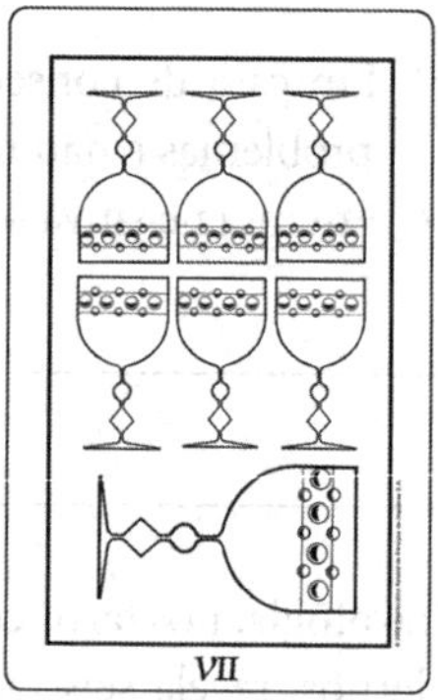

Tarologia: nos tarôs clássicos e modernos, revela sete taças e/ou uma imagem *de luxúria, prazer, deleite*. Esse arcano sugere expansão da fantasia e imaginação destrutiva; prosperidade e sucesso ilusório que levarão ao fracasso; palavras e promessas que não serão cumpridas.

Taromancia: devaneio, fantasia, vaidade, utopia.

- ✓ Em casa de conselho – ter mais ambição nos projetos, buscar sempre o melhor.
- ✓ Em casa negativa – sucesso, conquista, verdade.

Oito de Copas

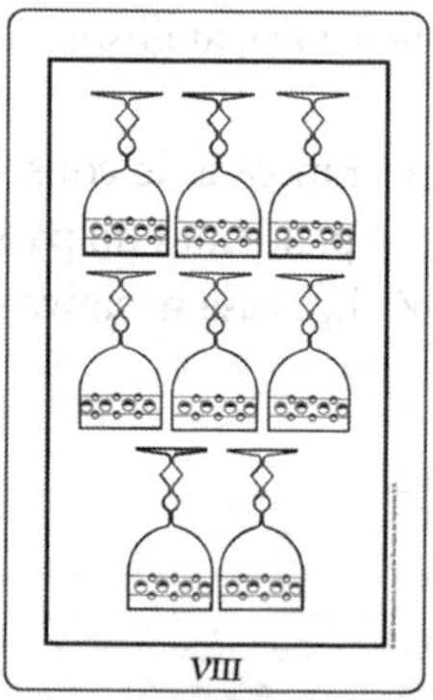

Tarologia: nos tarôs clássicos e modernos, revela oito taças e/ou uma imagem *de perdas, desgraça, escândalo*. Esse arcano sugere desperdício dos recursos e esforços em algo fadado ao fracasso; o mergulho na parte mais negativa da alma; despedida pesarosa e involuntária de algo que muito se acalentou; forças reversas ao nosso controle pessoal.

Taromancia: fracasso, desilusão, perda, erro pessoal.

- ✓ Em casa de conselho – revelar a verdade e/ou a intenção, mesmo que implique prejuízos.
- ✓ Em casa negativa – felicidade, alegria, união.

Nove de Copas

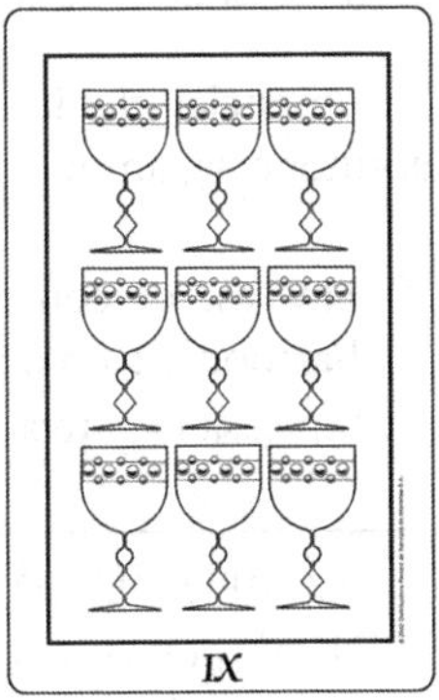

Tarologia: nos tarôs clássicos e modernos, revela nove taças e/ou uma imagem *de felicidade, união, noivado*. Esse arcano sugere relação harmoniosa, lealdade e promessa de sucesso; recompensa dos esforços com a superação de todos os problemas; felicidade que se aproxima.

Taromancia: solução, acordo, alegria, vitória.

- ✓ Em casa de conselho – ser leal, honesto e cumprir a palavra acordada.
- ✓ Em casa negativa – logro, separação, rivalidade.

Tarologia: nos tarôs clássicos e modernos, revela dez taças e/ou uma imagem *de realização plena, riqueza, família*. Esse arcano sugere a felicidade pela realização do que se tem vontade; honra e virtude nas palavras e promessas; segurança emocional e riqueza de sentimentos.

Taromancia: plenitude, felicidade, abundância, amor.

✓ Em casa de conselho – buscar a própria felicidade em harmonia com o meio ambiente.

✓ Em casa negativa – inimizade, egoísmo, amargura.

COMPLEMENTO DESTA LIÇÃO

1. Pesquisar em dicionários a palavra-chave (atributo principal) de cada arcano do naipe de Copas.
   - Confiança – Pajem de Copas.
   - Volubilidade – Cavaleiro de Copas.
   - Dissimulação – Rainha de Copas.
   - Progresso – Rei de Copas.
   - Felicidade – Ás de Copas.
   - União – Dois de Copas.
   - Resolução – Três de Copas.
   - Insatisfação – Quatro de Copas.
   - Frustração – Cinco de Copas.
   - Lamentação – Seis de Copas.
   - Devaneio – Sete de Copas.
   - Fracasso – Oito de Copas.
   - Solução – Nove de Copas.
   - Plenitude – Dez de Copas.

LIÇÃO 21

QUARTO DEGRAU - FICAR

O naipe de Paus simboliza o intercâmbio sincero tanto com o mundo interior – alma, âmago, desejo –, quanto com o mundo exterior – situações, terceiros, fatos. Simboliza também a relação integral com os três mundos do âmbito social: *material, mental e sentimental* em todos os níveis, da *vontade à realização* de algo ao *desejo e o contato* físico com alguém. Esse naipe revela o equilíbrio entre o "eu" e o "outro", passando a personificar o "nós", a capacidade pessoal de discernimento em relação ao social e ao destino. Quando você analisar o naipe de Paus, tenha em mente que tudo é harmonioso e equilibrado nesta série – integração, verdade, honra, evolução. Mesmo quando há obstáculos, tudo é visto como parte integrante da vida, ao contrário do que ocorre com as outras séries, que os observam como algo pessoal e inaceitável. Assim, durante uma consulta, ao abrir esse naipe no *plano material* de uma questão, significa, em primeiro lugar, que há muita verdade e luta pela realização de algo, enquanto a numeração ou a corte qualifica a meta; já se parte, contudo, do princípio de que há certeza sobre a obtenção. No plano *sentimental*, significa a emoção equilibrada, enquanto a numeração ou a corte qualifica o tipo emocional. No plano *mental*, significa, em princípio, completa compreensão dos limites pessoais, enquanto a numeração ou a corte indica o estágio.

Observação importante: tanto o naipe de Espadas quanto o de Paus simbolizam as ações sociais humanas, a realização das metas, a luta pelo desejo, a força e a conduta pessoal. Na série de Espadas, porém, tem-se a visão exclusiva da própria vaidade e do ego, que tende à incompreensão da vida e à agressividade, enquanto em Paus observam-se a sabedoria e a compreensão dos desejos em relação às possibilidades externas, aceitam-se os limites impostos pela vida, numa expressão de integração, facilidade de ambientação e realização. Tanto o naipe de Copas quanto o de Paus simbolizam que se está numa situação (num dado momento) e que ambos são transitórios; contudo, Copas remete a "estar passivo e emocionalmente envolvido" e Paus, a "estar ativo e envolvido mental e espiritualmente". Tanto o naipe de Ouros quanto o naipe de Paus indicam a realização dos objetivos com maestria; entretanto, Ouros expressa a obtenção pela visão pessoal e Paus, pela visão pessoal e social: o primeiro mostra limitação, insensibilidade a terceiros e observa somente os direitos; o segundo revela expansão, compreensão com todos e observa os direitos e os deveres. Estude atentamente esta observação. Leia e releia junto com a tabela da página 37. Essas informações são a chave da interpretação dos naipes e de seus elementos.

Pajem de Paus

Tarologia: nos tarôs clássicos e modernos, revela um adolescente com roupas simples, em pé, segurando um bastão de madeira, e/ou uma imagem *de serviço, oferecimento, ingenuidade*. Esse arcano sugere dedicação e apoio com sinceridade; boas intenções e lealdade nos envolvimentos; promessas e negociações importantes para o futuro.

PAJEM DE PAUS

Taromancia: sinceridade, honestidade, devoção, confiança.

✓ Em casa de conselho – ajudar o próximo sem esperar nada em troca, ter fé.
✓ Em casa negativa – ingratidão, mentira, traição.

Cavaleiro de Paus

Tarologia: nos tarôs clássicos e modernos, revela um homem jovem com roupas elegantes, montado num cavalo, segurando um bastão de madeira, e/ou uma imagem *de ousadia, bravura, arrojo*. Esse arcano sugere disposição arrojada para mudar a vida; ímpeto e sagacidade nos ideais; chance para rea-

CAVALEIRO DE PAUS

lizar projetos importantes na vida; superação dos obstáculos por iniciativa pessoal.

Taromancia: ousadia, arrojo, sagacidade, mudança.

- ✓ Em casa de conselho – avançar para o novo, não ter medo de nada.
- ✓ Em casa negativa – interrupção, hesitação, confronto.

Rainha de Paus

Tarologia: nos tarôs clássicos e modernos, revela uma mulher adulta com roupas reais, sentada num trono, segurando um bastão de madeira, e/ou uma imagem *de magnetismo, virtude, matriarcado.* Esse arcano sugere vantagens adicionais em todos os projetos e garantia da conquista absoluta; promessas, negociações e uniões sinceras e honestas; sentimento verdadeiro e interativo.

Taromancia: virtude, reciprocidade, integridade, honra.

- ✓ Em casa de conselho – ser virtuoso, manter a palavra e a conduta numa única direção.
- ✓ Em casa negativa – falsidade, incoerência, vaidade.

Rei de Paus

Tarologia: nos tarôs clássicos e modernos, revela um homem adulto com roupas reais, sentado num trono, segurando um bastão de madeira, e/ou uma imagem *de poder absoluto, patriarcado, fartura.* Esse arcano sugere determinação na ação para qualquer êxito pessoal; reconciliação com paz e felicidade; produtividade e empreendimento futuros; fertilidade em qualquer nível.

Taromancia: produtividade, progresso, equilíbrio, honestidade.

✓ Em casa de conselho – ter convicção dos ideais, reconciliar-se imediatamente com a vida.
✓ Em casa negativa – ruína, arrogância, desestabilização.

Ás de Paus

Tarologia: nos tarôs clássicos e modernos, revela um bastão de madeira, e/ou uma imagem *de frutificação, abundância, produção.* Esse arcano sugere força criadora e condições materiais para realizar; fertilidade e fecundidade em todos os níveis; período de sorte e produtividade; segurança e crescimento. (O Ás de Paus amplia o significado bom ou mau do arcano maior.)

Taromancia: fertilidade, oportunidade, desejo, sorte.

- ✓ Em casa de conselho – manter o desejo latente, buscar a criação dos projetos.
- ✓ Em casa negativa – decadência, esterilidade, impossibilidade.

Dois de Paus

Tarologia: nos tarôs clássicos e modernos, revela dois bastões de madeira, e/ou uma imagem *de reflexão, parada, observação*. Esse arcano sugere confronto nos projetos e obstáculo superável; fatos inesperados com melhoria nos resultados; paralisia momentânea do desejo causada por terceiros.

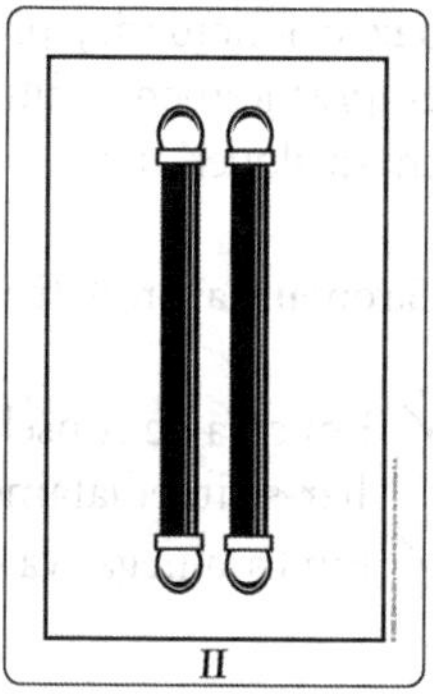

Taromancia: reflexão, adiamento, ponderação, surpresa.

- ✓ Em casa de conselho – reflexão e meditação necessária para a evolução da vida.
- ✓ Em casa negativa – antecipação, acordos, desenvolvimento.

Três de Paus

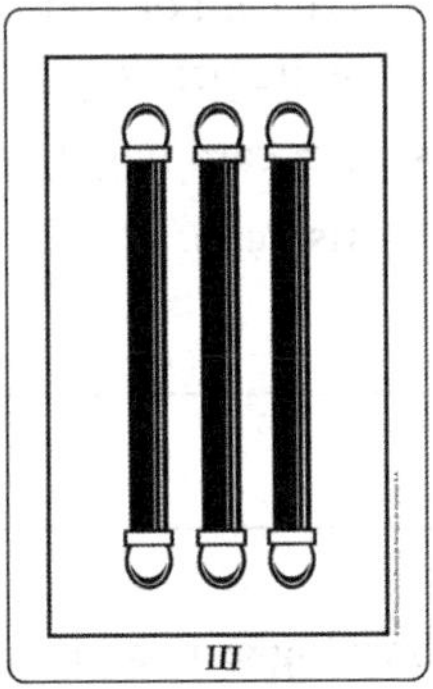

Tarologia: nos tarôs clássicos e modernos, revela três bastões de madeira e/ou uma imagem *de intercâmbio, negociação, satisfação*. Esse arcano sugere a união de forças e intercâmbio; chance e oportunidade de crescimento; ideias criativas, iniciativa e sagacidade em relação a novos caminhos; união e sociedade vantajosa com êxitos futuros.

Taromancia: inovação, permuta, cooperação, união.

- ✓ Em casa de conselho – deve coordenar os planos, trocar, hamonizar.
- ✓ Em casa negativa – rompimento, traição, desfalque.

Quatro de Paus

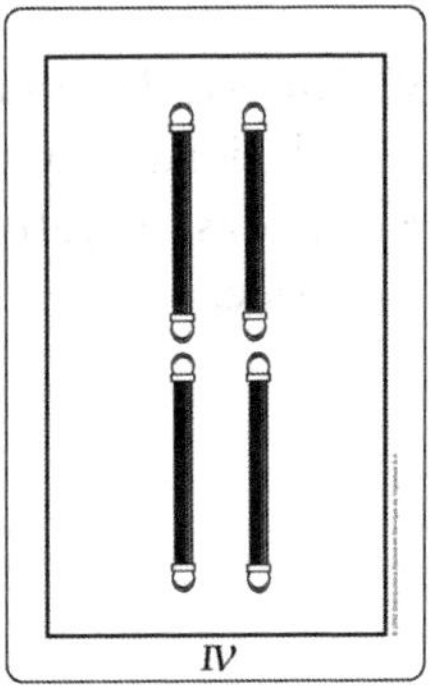

Tarologia: nos tarôs clássicos e modernos, revela quatro bastões e/ou uma imagem *de harmonia, paz, suavidade*. Este arcano sugere um momento de paz e alianças em meio a conflitos; satisfação e momentos agradáveis em meio a turbulências; repouso em busca de paz e tranquilidade.

Taromancia: harmonia, aliança, superação, administração.

- ✓ Em casa de conselho – ter calma e compreensão do presente para o progresso futuro.
- ✓ Em casa negativa – descontrole, desorganização, insatisfação.

Cinco de Paus

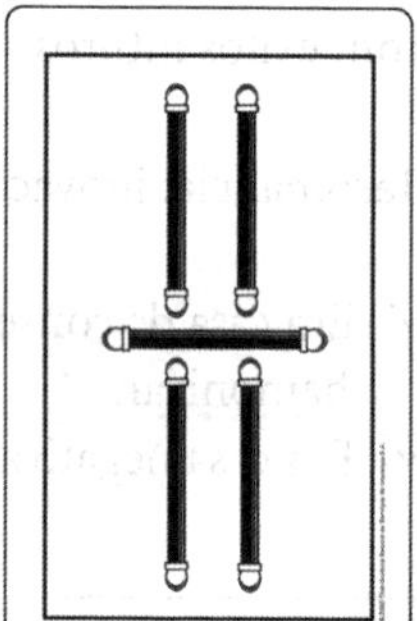

V

Tarologia: nos tarôs clássicos e modernos, revela cinco bastões e/ou uma imagem *de disposição, reunião, trabalho*. Esse arcano sugere retomada do livre-arbítrio e elevação da vida; dificuldades que serão sanadas; divergências e discussões construtivas; início de uma reconstrução.

Taromancia: recuperação, reconstrução, sorte, abertura.

- ✓ Em casa de conselho – ter disposição e se esforçar para solucionar os problemas.
- ✓ Em casa negativa – dificuldade, obstrução, insolubilidade.

Seis de Paus

Tarologia: nos tarôs clássicos e modernos, revela seis bastões e/ou uma imagem *de ganho, felicidade, triunfo.* Esse arcano sugere disciplina na vida e prosseguimento favorável das metas; boas expectativas ou obtenção de recursos; palavras e promessas que serão cumpridas; fase de autoconfiança fortalecida.

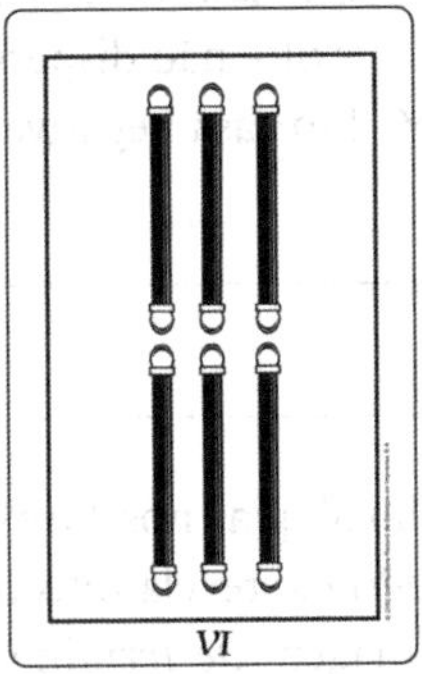

Taromancia: benefício, segurança, recursos, realização.

- ✓ Em casa de conselho – buscar a reclassificação dos objetivos e o retorno dos investimentos.
- ✓ Em casa negativa – desonestidade, ilusão, distração.

Sete de Paus

Tarologia: nos tarôs clássicos e modernos, revela sete bastões e/ou uma imagem *de vantagem, confronto, força*. Esse arcano sugere sucesso através da determinação contínua; capacidade para enfrentar qualquer adversidade; obstáculos que poderão ser superados; vitória futura por meio do esforço honrado.

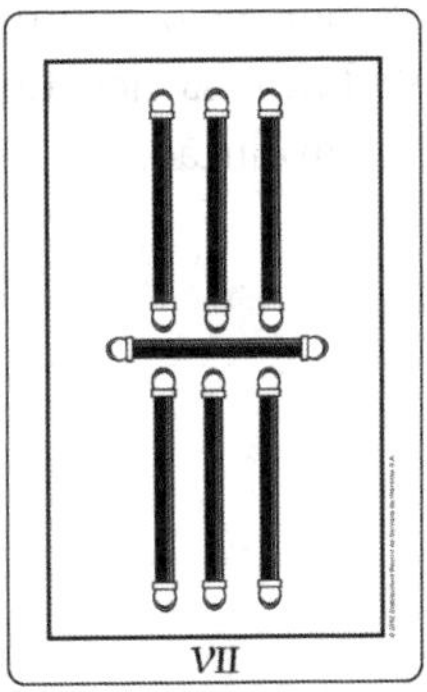

Taromancia: vantagem, superação, luta, capacitação.

- ✓ Em casa de conselho – ter determinação para atingir o êxito, não dispersar.
- ✓ Em casa negativa – incerteza, decadência, perda.

Oito de Paus

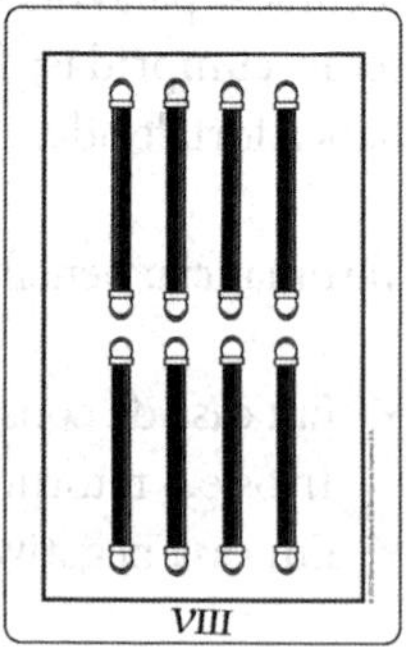

Tarologia: nos tarôs clássicos e modernos, revela oito bastões e/ou uma imagem *de término, fim, ponte.* Esse arcano sugere o fruto de um trabalho elaborado que chega ao fim; novas oportunidades e progresso promissor; mudança geral ou atividade inesperada para a prosperidade; transformação natural ou conclusão desejada.

Taromancia: término, mudança, perfeição, progresso.

- ✓ Em casa de conselho – buscar a evolução pessoal e social por meio de uma nova fase de vida.
- ✓ Em casa negativa – autodestruição, autocomiseração, involução.

Nove de Paus

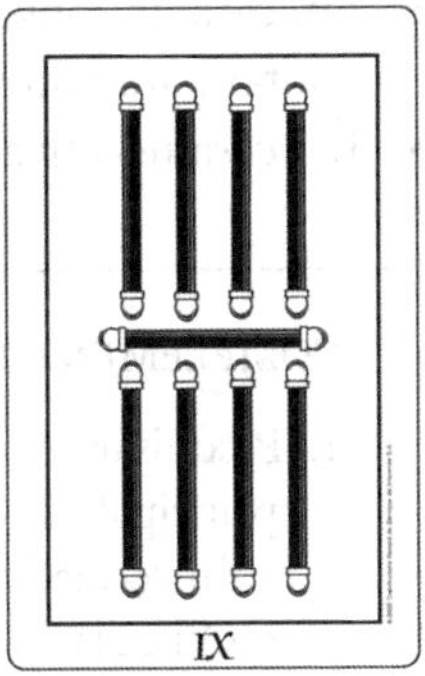

Tarologia: nos tarôs clássicos e modernos, revela nove bastões e/ou uma imagem *de obstáculo, parada, opressão*. Esse arcano sugere adiamentos e expectativas favoráveis; atrasos e obstáculos transponíveis; disputa e hesitação para um recomeço; momento de opressão marcada pela incerteza.

Taromancia: obstáculo, disputa, dúvidas, expectativa.

- ✓ Em casa de conselho – ter responsabilidade e amadurecimento para vencer os obstáculos.
- ✓ Em casa negativa – liberdade, conclusão, ajuda.

Dez de Paus

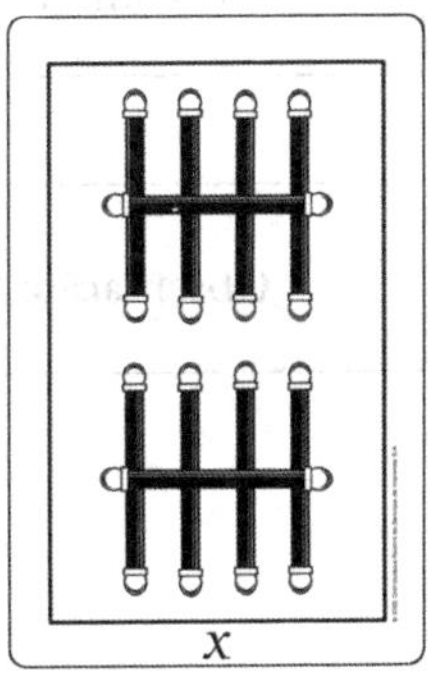

Tarologia: nos tarôs clássicos e modernos, revela dez bastões e/ou uma imagem *de nova vida, recomeço, esforço*. Esse arcano sugere independência progressiva; fim de problemas e esforço com sucesso; passagem para uma nova fase de vida; palavras e promessas que serão cumpridas no futuro; investimentos de longo prazo.

Taromancia: recomeço, redefinição, evolução, sucesso.

✓ Em casa de conselho – permanecer numa única posição e lutar para renovar a vida.

✓ Em casa negativa – derrota, retrocesso, aniquilamento.

COMPLEMENTO DESTA LIÇÃO

1. Pesquisar em dicionários a palavra-chave (atributo principal) de cada arcano do naipe de Paus.
   - Sinceridade – Pajem de Paus.
   - Ousadia – Cavaleiro de Paus.
   - Virtude – Rainha de Paus.
   - Produtividade – Rei de Paus.
   - Fertilidade – Ás de Paus.
   - Reflexão – Dois de Paus.
   - Inovação – Três de Paus.
   - Harmonia – Quatro de Paus.
   - Recuperação – Cinco de Paus.
   - Benefício – Seis de Paus.
   - Vantagem – Sete de Paus.
   - Término – Oito de Paus.
   - Obstáculo – Nove de Paus.
   - Recomeço – Dez de Paus.

Observação: Releia a Lição 4.

Avaliação 9

Lições 20 e 21

1) **Associe o arcano à sua frase:**
   a) Cavaleiro de Paus.
   b) Pajem de Copas.
   c) Rei de Copas.
   d) Pajem de Paus.
   e) Rainha de Copas.
   f) Rei de Paus.
   g) Cavaleiro de Copas.
   h) Rainha de Paus.
      1) Eu tenho a sinceridade e a devoção, estou a favor de todos e da humanidade.
      2) Eu tenho a volubilidade e a sedução, mas sou verdadeiro nas máscaras que visto.
      3) Eu tenho a ousadia e a sagacidade, não suporto mais a rotina, quero coisas novas!
      4) Eu tenho a confiança e a candura, minha palavra é sincera e verdadeira.
      5) Eu tenho a virtude e a integridade, tudo o que faço é para o bem-estar de todos.
      6) Eu tenho a produtividade e o equilíbrio, tudo porque sou honrado e autoconfiante.
      7) Eu tenho o progresso e a felicidade, mas tudo tem que ser como eu sonho.
      8) Eu tenho a dissimulação e o mistério, mas não faço mal a ninguém.

2) **Qual o significado básico do Dois de Paus e do Nove de Paus?**
   a) Ambos indicam obstáculos superáveis causados por terceiros.

b) Ambos indicam a reflexão para melhoria futura e a evolução.
c) Um indica adiamento pela falta de acordo e o outro, por força maior.
d) Todas as opções estão corretas.

3) **Qual dos seguintes grupos contém somente arcanos que indicam a realização do desejo?**
a) Rei de Ouros, Cinco de Paus, Pajem de Espadas, Três de Ouros.
b) Rei de Paus, Ás de Ouros, Dez de Copas, Nove de Ouros.
c) Rei de Copas, Sete de Ouros, Cinco de Espadas, Dois de Paus.
d) Todas as opções estão corretas.

4) **Qual dos seguintes grupos contém somente arcanos que indicam obstáculos intransponíveis?**
a) Dois de Ouros, Cinco de Copas, Seis de Ouros, Sete de Espadas.
b) Dois de Espadas, Oito de Espadas, Quatro de Espadas, Nove de Espadas.
c) Dois de Paus, Nove de Paus, Quatro de Ouros, Cinco de Copas.
d) Todas as opções estão corretas.

5) **Qual dos seguintes grupos contém somente arcanos que indicam progresso?**
a) Dez de Copas, Três de Ouros, Rei de Paus, Três de Paus.
b) Dez de Ouros, Rei de Copas, Seis de Paus, Sete de Ouros.
c) Dez de Paus, Nove de Ouros, Rei de Ouros, Nove de Copas.
d) Todas as opções estão corretas.

6) **Associe os arcanos com seu principal atributo:**
a) Quatro de Paus.

b) Cinco de Paus.
c) Seis de Paus.
d) Quatro de Copas.
e) Cinco de Copas.
f) Seis de Copas.

1) Harmonia.
2) Recuperação.
3) Benefício.
4) Insatisfação.
5) Frustração.
6) Lamentação.

7) **Qual dos seguintes grupos de arcanos indica harmonia e/ou amor?**
a) Dois de Copas, Pajem de Copas, Ás de Copas, Dez de Copas.
b) Rei de Copas, Pajem de Ouros, Ás de Paus, Três de Paus.
c) Cavaleiro de Copas, Nove de Ouros, Quatro de Paus, Seis de Paus.
d) Todas as opções estão corretas.

8) **Qual dos seguintes grupos de arcanos indica adversidade?**
a) Três de Espadas, Pajem de Copas, Cinco de Paus, Oito de Ouros.
b) Nove de Espadas, Quatro de Ouros, Oito de Paus, Nove de Paus.
c) Oito de Copas, Pajem de Espadas, Oito de Espadas, Dois de Espadas.
d) Todas as opções estão corretas.

9) **Associe os arcanos ao seu simbolismo negativo:**
a) Dez de Copas.
b) Nove de Paus.
c) Nove de Copas.
d) Oito de Paus.

e) Dez de Paus.
f) Oito de Copas.

1) Inimizade, amargura.
2) Autodestruição, involução.
3) Logro, rivalidade.
4) Liberdade, conclusão.
5) Derrota, traição.
6) Felicidade, união.

10) O que significa o Quatro de Paus?
a) Momento de paz e aliança em meio aos conflitos.
b) Momento de harmonia e juras de amor.
c) Momento de tranquilidade e prosperidade.
d) Todas as opções estão corretas.

11) O que significa o Cavaleiro de Copas?
a) Momento de grande alegria e sucesso nos desejos.
b) Momento de prosperidade ilusória e progresso enganoso.
c) Momento de falsidade, vingança e frustração.
d) Todas as opções estão corretas.

12) O que significa o Oito de Copas?
a) Momento de erros pessoais com prejuízo moral e/ou material.
b) Momento de dificuldade fadado ao fracasso e ao sofrimento.
c) Momento de manter algo que é impossível ou não existe no destino.
d) Todas as opções estão corretas.

13) O que significa o Dez de Paus?
a) Momento final dos problemas e esforço para renovar a vida e evoluir.
b) Momento de realização e prosperidade do que se sonhou.

c) Momento de sucesso absoluto e preservação do que se conquistou.
d) Todas as opções estão corretas.

14) O que significa o Sete de Copas?

a) Momento de sonhos e ideais de conquistar o que se deseja.
b) Momento de reflexão e ambição de conquistar o que se deseja.
c) Momento de vaidade e ilusão de conquistar o que se deseja.
d) Todas as opções estão corretas.

15) O que significa o Três de Copas?

a) Momento de felicidade por realizar um sonho antigo.
b) Momento de prosperidade após realizar um sonho antigo.
c) Momento de sucesso após muitos problemas antigos.
d) Todas as opções estão corretas.

16) Quais as diferenças entre o Cinco de Ouros, o Cinco de Espadas e o Cinco de Copas?

a) Todos falam que algo está se perdendo temporariamente.
b) O primeiro indica o afastamento físico; o segundo, o mental, e o último, o emocional.
c) O primeiro indica prejuízo; o segundo, engano e o último, arrependimento.
d) Todas as opções estão corretas

OBS.: Veja o gabarito na página 276; errando, estude a lição correspondente.

Lição 22

Metodologia – parte 3

Há diversas formas de usar o tarô completo; por exemplo: jogar com os dois conjuntos em separado, jogar com todos os arcanos misturados, ou utilizar o arcano menor como complemento; no entanto, cada uma dessas técnicas possui uma metodologia específica. Portanto, para simplificar o aprendizado, utilizaremos somente uma técnica – *um arcano maior e um menor em conjunto* –, pois dentre todas as que conheço esta é a mais segura e eficaz. Por isso, desde as primeiras lições, tenho ensinado fórmulas de leitura para esta técnica. Volto a salientar: não fique preocupado com o volume de informações que está aprendendo, pois com o tempo, o estudo, a revisão e a prática, você estará apto a fazer a melhor consulta possível. Confie em você, e em mim, é claro!

Uma questão que sempre surge é: "Se posso jogar somente com os 22 arcanos maiores, por que vou acrescentar os 56 arcanos menores?" Você também pode ouvir ou ler: "Não se usam os arcanos menores..." Bem, se essas 78 cartas não fossem necessárias, elas não continuariam sendo produzidas por mais de seiscentos anos, não acha? O que ocorre é o seguinte: começamos a jogar com os 22 arcanos maiores para tomar mais contato com o mundo simbólico, com os jogos; contudo, as respostas serão sempre tendenciosas, nada práticas e objetivas. No início, o estudante não percebe essa dinâmica, somente com o tempo ele sente falta de algo mais claro, mais objetivo. Poderíamos dizer,
 de uma forma bem coloquial, que os arcanos maiores são

o alimento e os menores, o tempero. Às vezes, comer uma salada sem sal ou azeite é agradável, mas fazê-lo sempre se torna insosso, não é? Então, no início, você poderá praticar só com os maiores, mas aconselho que, na medida do possível, vá acrescentado a leitura com o menores.

Para expressar com exatidão o valor do arcano maior, estudamos que a pergunta e/ou a casa do método devem estar relacionadas no mesmo plano (elemento) – não é diferente quando utilizamos os dois conjuntos. Porém, vimos no estudo dos *arcanos menores* que eles não têm manifestações específicas; então, como será? Lembre-se: o *arcano menor* já é uma manifestação, tem o mesmo significado em qualquer plano que for analisado e somente dá dimensões ao arcano maior (reveja as Lições 3, 4 e 5). Nos exemplos a seguir, não voltarei a explicar os conceitos dos arcanos. Assim, à medida que eles forem sendo detalhados e você não estiver entendendo, sugiro que retome a leitura do arcano em questão em sua respectiva lição.

REGRAS DE OURO

Cuidado com o vício de linguagem ou erro de entendimento: *o arcano menor é o futuro do maior, o arcano menor é uma projeção.* Não e não! O arcano menor é a *manifestação* do maior na ação questionada, eles estão juntos e são inseparáveis no tempo e espaço; não devem ser vistos como autônomos e passíveis de mutações. Posso dizer que o arcano maior emana o arcano menor, mas o arcano menor não será uma projeção(!), pois é a manifestação do maior – ideia/forma, lembra? Vejamos as principais regras, estude-as e sempre faça uma revisão!

1) **O arcano maior sobrepõe o atributo do menor**

- O arcano 19, O Sol, com o arcano Dois de Espadas, no plano material: promoção e ganhos com disputas e brigas. O atributo do Dois de Espadas é rivalidade sem vencedor, mas, neste caso, o arcano 19 simboliza o sucesso garantido; então, haverá ganho com lutas. O arcano 12, O Pendurado, com o arcano Dez de Copas, no plano afetivo: há sofrimento, mas muita esperança. Acredita-se que tudo acabará bem, mas não acabará, pois o arcano 12 revela a impossibilidade. Observe que a linguagem advinhatória do arcano maior sempre prevalecerá sobre o menor.

2) **O arcano menor indica a dimensão do maior**

- O arcano 16, A Torre, com o arcano Seis de Copas, no plano sentimental: decepção profunda, desespero e lágrimas com lembranças do passado ou do que se perdeu. O atributo do arcano Seis de Copas é a nostalgia, por isso ele contribui para aumentar a dor retratada pelo arcano 16. Se fosse com o arcano Dez de Ouros: a decepção existiria, porém não seria sentida profundamente, passaria-se por cima e seguiria-se em frente; nesse caso, o atributo de ganho do Dez de Ouros elimina o sentido da dor. Observe que o arcano menor influencia a linguagem psicoemocional do arcano maior, mas nunca mudará a linguagem adivinhatória. O arcano menor pode, inclusive, bloquear o sentido do maior; porém, jamais eliminá-lo. Por exemplo: o arcano 16, A Torre, com o arcano Quatro de Espadas no plano sentimental: dor e angústia ao extremo, tendendo ao desespero por não se resolver nada. O arcano 19, O Sol, com o arcano Dez de Espadas no plano material: o sucesso ocorrerá por outros caminhos que não o desejado.

3) **É errado analisar o arcano menor como a solução futura**
   - O arcano 16, A Torre, com o arcano Dez de Copas no plano material.
   - **Leitura errada** – Você está perdendo algo importante, mas no futuro encontrará a felicidade; terá dificuldades e obstáculos, mas ganhará o que deseja.
   - **Leitura certa** – Você está perdendo algo importante, não está percebendo os seus erros e aprendendo com eles, pensa que sairá vitorioso, mas isto nunca ocorrerá; terá dificuldades e obstáculos não percebendo as falhas, perderá e passará por cima de tudo, não aprenderá com os erros.

   OBS.: Temos sempre que observar os dois arcanos como um conjunto no tempo-espaço; no caso, o arcano 16, A Torre, se manifesta no arcano Dez de Copas, ou seja, a dor e a dissolução se projetam na felicidade. Mas qual é a tônica do arcano 16 dentro da estrutura simbólica? É o momento em que temos que aprender a reconhecer nossos erros, continuar por um novo caminho e esquecer o passado. Qual é o atributo do arcano Dez de Copas? Felicidade e harmonia em tudo o que temos. Entretanto, como podemos ser felizes e alegres com algo que não existe mais e que estimávamos profundamente? Copas é o mundo dos sonhos, das fantasias e das crenças pessoais, então existe uma espécie de anestesia contra a dor, não se vê ou não se quer ver o problema em volta. Por exemplo: uma mulher e o marido não têm mais um convívio afetivo e sexual, contudo eles mantêm a fachada social do casamento, não querem assumir uma separação.
   - O arcano 19, O Sol, com o arcano Nove de Copas no plano sentimental.

- **Leitura errada** – O seu amor dará certo e você será feliz para sempre (se for casada); você encontrará um grande amor que a fará feliz (se for solteira).
- **Leitura certa** – O seu amor é profundo, sincero e você se encontra muito feliz (se for casada); você se apaixonará profundamente e se sentirá muito em paz e feliz (se for solteira).

  OBS.: Parecem iguais, mas não são! Observe que a leitura que classifiquei como errada sugere que *alguém* a amará e a fará feliz, quando o correto é que a consulente *se sentirá* ou estará feliz, independentemente do parceiro.

- **Montagem dos jogos completos** – Releia atentamente a Lição 13 observando todos os passos de uma abertura (página 107). A técnica de escolha e montagem será sempre a mesma, não importa o método ou a quantidade de cartas em uso. Assim, ao efetuarmos uma abertura completa com o tarô, devemos – primeiramente – embaralhar e escolher os 22 arcanos maiores e – separadamente – fazer o mesmo com os 56 arcanos menores. Ao montar o jogo, tome o devido cuidado em juntar a primeira carta escolhida do arcano maior com a primeira carta escolhida do arcano menor e, então, posicioná-las na primeira casa do método previamente selecionado. O mesmo procedimento deve ser arranjado com as outras cartas (segunda/segunda, terceira/terceira etc.).

Lição 23

Técnicas - Parte 4

A partir desta lição, usaremos o tarô completo nos métodos aprendidos anteriormente. Faça uma revisão se desejar, mas, como você chegou até esta lição, é sinal de que se encontra apto a desenvolver os estudos avançados de tarô: meus parabéns! Vamos ver exemplos com o método de CONSELHO. Analise atentamente cada combinação nas respectivas casas – se tiver dificuldade, reveja as Lições 4, 5, 12, 13, 14 e 22; pegue o seu tarô, monte o jogo a seguir e estude, faça outras combinações, tente analisar.

A) Qual o conselho para minha situação atual?

A

B

C

a) **Arcano 19 com Rainha de Paus:** indica que o otimismo e a crença na vida devem prevalecer. A honestidade, a palavra e as atitudes devem ser as mais corretas possíveis.
b) **Arcano 19 com Três de Espadas:** indica que se deve diminuir o senso de otimismo, ponderar e analisar de

acordo com a realidade, eliminar os excessos e não ir além dos limites.

c) **Arcano 19 com Dez de Copas**: indica amar a vida acima de qualquer coisa, acreditar na felicidade e ter a esperança de um futuro melhor.

Observe que se tivéssemos somente o arcano 19, diríamos apenas para ser otimista ou ter amor-próprio; entretanto, adicionando o arcano menor, temos a clara indicação de *como* serão a conduta e seus detalhes! Esta é a importância do uso do arcano menor – uma direção clara e precisa!

Confesso que em matéria de aconselhamento, em qualquer método, raramente o consulente o aceita ou procura executá-lo. Muitos retornos às consultas se fazem exatamente porque o consulente não procurou avaliar de forma correta os aconselhamentos – infelizmente! Um aspecto interessante dos métodos que contêm uma carta desse gênero – Mandala, Árvore da Vida, Cruz Celta, Pequeno Mestre e tantos outros – é que geralmente sabemos de antemão o sentido que ela traduz; portanto, ao abri-la, temos a grata satisfação de confirmar aquilo que foi revelado pelo conjunto de arcanos anteriores.

COMPLEMENTO DESTA LIÇÃO
1. Estude o texto "Almas gêmeas" – Aula eletiva 10, página 266.

LIÇÃO 24

TÉCNICAS - PARTE 5

Exemplo com o tarô completo no método de PELADAN. Analise atentamente cada combinação nas respectivas casas – se tiver dificuldade, reveja as Lições 4, 5, 12, 13, 15 e 22. Observe que temos duas questões – uma sentimental e outra material – para a mesma combinação do jogo. O objetivo é que você analise como as respostas são diferentes! Pegue o seu tarô, monte o jogo demonstrado a seguir e estude.

1) O que João sente por mim é amor?

Resposta: Não, ele é um amigo leal e sincero. Não nutra sentimentos amorosos ou deseje algum tipo de união com ele, pois jamais será um namorado, somente um bom amigo.

- **As casas 1 e 2** revelam que João sente afeto, amizade e consideração pela consulente, porém nenhuma forma de desejo ou atração afetivo-sexual – o arcano 5 no positivo indica o respeito afetivo e a amizade sincera, mas sua manifestação, o arcano Sete de Espadas, mostra que ele tem receios do que possa ocorrer, por isso não é claro no que deseja e a trata com cautela. O arcano 15 em posição negativa revela a falta de atração sexual e paixão; sua manifestação, o arcano Cinco de Espadas, nega que João esteja agindo errado com a consulente.

- **As casas 3 e 4** indicam que a amizade se fortalecerá e não há nenhum indício de algum tipo de sentimento amoroso – o arcano 17 no caminho revela que a pureza de sentimentos beira o amor fraterno; sua manifestação, o arcano Três de Paus, que ele provará sua sinceridade prestando alguma ajuda e apoio para a consulente. O arcano 14 no resultado expressa novamente a manutenção verdadeira da amizade com tendência ao marasmo; sua manifestação, o arcano Ás de Ouros, que a amizade é sólida e eterna.
- **A casa 5** indica que a consulente tem grandes expectativas amorosas para com João, está apaixonada e deseja um namoro sincero. Talvez por isso ele se retraia tanto no momento – revelado na casa 1 –, ou seja, por não querer causar mágoa e estragar uma amizade que julga ser muito sincera.

2) **Vou comprar o carro este ano?**

Resposta: Não, será difícil adquiri-lo no período desejado; no entanto, no próximo ano.

- **As casas 1 e 2** revelam que o momento é muito delicado e deve-se tomar cuidado com as compras e gastos – o arcano 5 no positivo sugere a realização com observação de documentos e financiamentos, mas sua manifestação é o arcano Sete de Espadas, que indica cautela e incerteza. O arcano 15 no negativo anula o poder de compra, barganha e sucesso presente, mas sua manifestação, o arcano Cinco de Espadas, indica que, embora o consulente não tenha condições financeiras no momento, ele não deve desistir do carro. O Cinco de Espadas, que simboliza o desperdício de tempo e planejamento, aqui se encontra em posição reversa e, assim, representa o contrário de seu atributo: não há displicência no projeto. Complementando a primeira fase da análise: no presente momento, não se deve adquirir o bem, pois o período não é favorável, mas se deve continuar tentando.
- **As casas 3 e 4** indicam que ao longo do ano haverá muitas oportunidades de realização, mas que somente no ano seguinte a compra se efetuará – o arcano 17 no caminho revela a oportunidade de realizar o desejo, e sua manifestação, o arcano Três de Paus, mostra que haverá ofertas tentadoras, escambos ou excelentes promoções. Contudo, o arcano 14 no resultado indica um adiamento para o período posterior devido a pequenos obstáculos de natureza superior, e sua manifestação, o arcano Ás de Ouros, indica a realização final.
- **A casa 5** revela que o consulente está tentando negociar o mais rápido possível e buscando a melhor oferta na compra do veículo. Entretanto, ele já foi alertado de que o momento não é indicado e que deve se precaver.

COMPLEMENTO DESTA LIÇÃO

1. Estude o texto "Não somos bruxos" – Aula eletiva 11, página 270.

Lição 25

Técnicas - parte 6

São poucos os que chegam a esta última lição, eu sei que é um árduo caminho. Tenha certeza de que *você* faz parte de uma "elite" de estudantes que se propuseram a aprender e conquistaram, com perseverança, o conhecimento básico dos 78 arcanos do tarô. Foram muitas pesquisas, textos e questionários, não foram? Mas valeu a pena, porque agora você pode fazer uma avaliação de seu conhecimento tanto histórico quanto prático junto com uma análise do tarô. Continue seus estudos, leia meus outros livros para se aprofundar no estudo do tarô ou da terapia e nunca deixe de praticar seus jogos. Vamos ao exemplo com o tarô completo no método do MANDALA, demonstrado na figura a seguir. Analise atentamente cada combinação nas respectivas casas – se tiver dificuldade, reveja as Lições 4, 5, 12, 13, 16 e 22.

Casa 0 (central). O arcano 7, O Carro, com o arcano Cavaleiro de Paus indica que o destino do consulente está aberto, tudo tende à solução dos problemas e ao surgimento de novos caminhos; porém as outras casas ditarão se o consulente está ou não afinado com o sucesso que o destino está oferecendo.

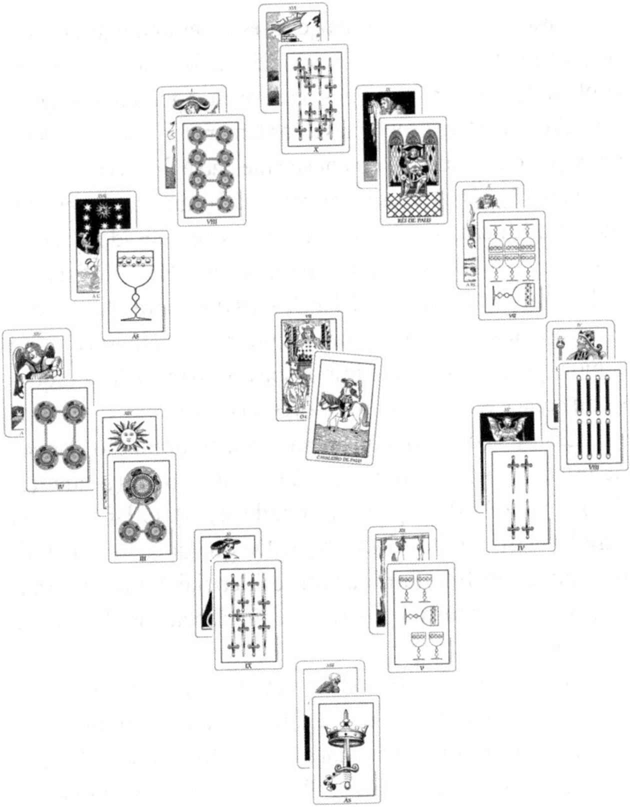

Casa 1. O consulente está refletindo profundamente sobre a vida (Temperança), porém o arcano 14 se manifesta no Quatro de Ouros, avisando que os projetos estão estagnados e que não vale a pena continuar com esses pensamentos. O estado de obsessão mental é visível, a fixação num único ponto – já é possível determinar que o consulente não se encontra em harmonia com o destino, pois a casa 1 está passiva em relação à casa central.

Casa 2. O aspecto financeiro está bem equilibrado (O Sol); como o Três de Ouros é a manifestação do arcano 19, esta configuração sugere que a pessoa deve estar guardando algum dinheiro e não tem problemas de ordem material – já é possível antecipar que a questão do consulente não é financeira!

Casa 3. Na expressão verbal e na comunicação, ele demonstra educação, mas não transmite suas reais ideias, fala o necessário (A Força). A combinação com o Nove de Espadas indica que ele deseja mais falar de seus dissabores do que ouvir conselhos, o que revela uma expressão negativista da vida e, pior, que está querendo impor sua obsessão – não se esqueça que esta casa expressa os valores da casa 1.

Casa 4. Podemos considerar uma combinação clássica de *brigas, raiva e rancor* a junção do arcano 13 (mudança, dor) com o Ás de Espadas (vontade, ação). O lar não está agradável, há muitas desavenças. De qualquer forma, a alteração no âmbito familiar ou residencial é um fato, mas se dará da pior forma possível – é preciso aconselhá-lo a se acalmar.

Casa 5. O lado sentimental está muito afetado, um amor por algo ou alguém que não é alimentado (O Pendurado), e este desejo se encontra em total estado de frustração e abandono (Cinco de Copas). O aconselhamento urgente é: perdoar e esquecer o passado, mudar o paradigma da vida, buscar o novo horizonte que o destino oferece. Observe que tanto esta casa quanto a casa 1 se encontram repletas de ideias e vontades obsessivas, que se expressam com amargura na casa 3.

Casa 6. No aspecto profissional, existem muitas oportunidades e chances de trabalho (O Diabo), porém o consulente perdeu a vontade de trabalhar (Quatro de Espadas) – a combinação indica que há muita negligência. Vale outro conselho: as atitudes emocionais negativas estão prejudicando o aspecto profissional.

Casa 7. A casa da parceria está fechada: o arcano 4 com o Oito de Paus, que representa o final de um ciclo, o término da conquista – não há mensagem de bons augúrios afetivos. Se o consulente for casado, talvez a parceira esteja querendo mudar o relacionamento; se for solteiro, não conhecerá ninguém nos próximos três meses.

Casa 8. Em seu íntimo, o consulente está ansioso, com muitas emoções transitando do bom ao mau humor, angústias sem sentido (A Roda da Fortuna). Como há a presença do Sete de Copas, tudo não passa de pura ilusão. Ele está alimentando sonhos impossíveis e, mais, não sabe o que fazer com eles. Como sempre se lê esta casa em conjunto com a casa 5, podemos deduzir que o consulente foi abandonado e se sente perdido, suas emoções transitam do sonho à fantasia. Vale novamente o conselho, agora enfático, de esquecer o passado, procurar uma ajuda terapêutica ou espiritual para eliminar a mágoa.

Casa 9. Apesar de toda a utopia sentimental apresentada nas casas anteriores, o consulente consegue ter a visão e/ou o projeto de reconstruir seu futuro da melhor maneira possível (O Eremita), de forma coerente, progressiva e próspera (Rei de Paus). Entretanto, com a visão negativista que tem de sua vida atual, dificilmente alcançará esse patamar no futuro – observe que esta casa é um "projeto de vida" e deve ser analisada com a casa 1. Mais um conselho: manter os ideais é uma forma saudável de vida, porém, tentar resolver o problema presente é mais urgente.

Casa 10. O presságio para os próximos meses é a dissolução total do passado (A Torre) e rompimentos definitivos (Dez de Espadas) – esta é outra combinação clássica do tarô (perda total e irreversível). Por estar na casa 10, indica que todos os problemas serão solucionados de forma diferente da que o consulente deseja. Todavia, há uma indicação de que o estado emocional do consulente se modificará e ele será obrigado a dar outro rumo à sua vida. Segue outro conselho: perdoar, transcender, buscar um novo caminho, pois uma nova vida bem melhor se aproxima!

Casa 11. Esta combinação indica que o consulente está buscando novos amigos (O Mago), diferentes, melhores e de outro circuito social (Oito de Ouros). Esta combinação também sugere que ele receberá ajuda de pessoas que conheceu recentemente e que no futuro poderá vir a namorar uma delas.

Casa 12. Este é o grande conselho e desafio para o consulente nesse período de três meses: a combinação do arcano A Estrela (fé, esperança) com o Ás de Copas (abundância, alegria) sugere que ele deve ter confiança na vida, amor-próprio, perdoar, esquecer o passado e seguir liberto de toda opressão e erros.

Avaliação 10

Lições 22, 23, 24 e 25

1) **Analise a combinação do Arcano 3, A Imperatriz, com o Dez de Ouros no plano material.**
   a) Desenvolvimento e realização eficaz, controle absoluto sobre o plano material.
   b) Sucesso e possessividade, tendência a perdas no plano material.
   c) Realização e vitória sobre tudo o que se deseja com pequenos obstáculos.
   d) Todas as opções estão corretas.

2) **Analise a combinação do Arcano 16, A Torre, com o Três de Ouros no plano sentimental.**
   a) Existe possibilidade de rupturas e mágoa, mas tudo acabará bem.
   b) Existe perda e afastamento, mas não se está percebendo os erros.
   c) Existe sofrimento, dor e tendência à depressão pelo amor que se foi.
   d) Todas as opções estão corretas

3) **Analise a combinação do Arcano 13, A Morte, com a Rainha de Espadas no plano mental.**
   a) Há planos analíticos de melhoria baseados num futuro promissor.
   b) Há planos analíticos de vingança baseados na raiva por ter perdido.
   c) Há planos analíticos de mudança baseados na prosperidade.
   d) Todas as opções estão corretas.

4) **Analise a combinação do Arcano 13, A Morte, com o Dez de Paus no plano material.**
   a) Uma situação dc labuta para uma vida melhor, embora com obstáculos transponíveis.
   b) Uma situação de mudança de status, visando a melhores condições de vida.
   c) Uma situação de imposição do novo desejo para renovar o futuro.
   d) Todas as opções estão corretas.

5) **Analise a combinação do Arcano 15, O Diabo, com o Sete de Copas no plano sentimental.**
   a) Uma paixão profunda, porém errada e fantasiosa; é aconselhável revê-la para não se autodestruir.
   b) Uma paixão maravilhosa, fogosa e cheia de fantasias sexuais; é aconselhável mantê-la como está.
   c) Uma paixão ilusória, passageira e sem nenhuma consequência; é aconselhável viver o momento.
   d) Todas as opções estão corretas.

6) **Analise a combinação do Arcano 9, O Eremita, com o Pajem de Copas no plano espiritual.**
   a) Vivência e busca da perfeição humana e espiritual.
   b) Vivência e busca da religiosidade e filantropia.
   c) Vivência e busca do autoconhecimento e meditação.
   d) Todas as opções estão corretas.

7) **Analise a combinação do Arcano 4, O Imperador, com o Quatro de Ouros no plano sentimental.**
   a) Não há amor, só um sentido de controle e posse sobre a relação – é preciso ser mais flexível.
   b) Não há amor, só um sentido de poder e intolerância sobre a relação – é preciso ser mais afetivo.

c) Não há amor, só um sentido de autoridade e opressão sobre a relação – é preciso ser mais meigo.
d) Todas as opções estão corretas.

8) **Analise a combinação do Arcano 4, O Imperador, com o Dois de Copas no plano sentimental.**
a) O consulente é possessivo, porém existe muito afeto, carinho e atenção na relação.
b) O consulente é ciumento, porém existe muito afeto, carinho e atenção na relação.
c) O consulente é volúvel, porém existe muito afeto, carinho e atenção na relação.
d) Todas as opções estão corretas.

9) **Analise a combinação do Arcano 12, O Pendurado, com o Dez de Espadas no plano mental.**
a) O consulente está cansado de ter o mesmo pensamento obsessivo, está mudando de paradigma.
b) O consulente se encontra com as ideias utópicas, mas se esforça para mantê-las e/ou realizá-las
c) O consulente deseja mudar, mas não tem forças, prefere sacrificar-se e ficar como está.
d) Todas as opções estão corretas.

- **Pegue o seu tarô, monte o jogo do Mandala (a seguir) e responda às questões 10 a 16.**

			O Eremita + Ás de Espadas			
		A Temperança + Pajem de Ouros		O Carro + Nove de Copas		
	A Torre + Dez de Espadas				A Lua + Quatro de Espadas	
O Mago + Sete de Copas			A Imperatriz + Três de Ouros			O Imperador + Quatro de Ouros
	A Roda da Fortuna + Três de Espadas				O Diabo + Pajem de Espadas	
		A Força + Dez de Copas		O Sacerdote + Dez de Ouros		
			O Sol + Pajem de Copas			

10) Como o consulente está pensando no dia a dia?

a) Suas ideias atuais são criativas, cheias de novos planos e perfeitas – ele não deve mudar nada.

b) Suas ideias presentes estão cheias de novidades, mas são enganosas – ele deve revê-las.

c) Atualmente, suas ideias estão sendo renovadas, porém são confusas e erradas.

d) Todas as opções estão erradas.

11) Como está a situação do consulente no trabalho?

a) Dinâmica, tudo indica que haverá a promoção desejada – ele deve manter o modo de trabalhar.

b) Passiva, tudo indica que não haverá mudanças – ele deve ter mais ambição e planejamento.
c) Problemática, tudo indica que o consulente está agindo errado – ele deve ser mais responsável.
d) Todas as opções estão erradas.

12) **Como está seu relacionamento afetivo?**
a) Super-afetivo, tanto o consulente quanto o parceiro se respeitam em profundidade.
b) Super-social, tanto o consulente quanto o parceiro apenas mantêm a aparência.
c) Superpossessivo, tanto o consulente quanto o parceiro exigem total fidelidade.
d) Todas as opções estão erradas.

13) **Qual o principal conselho do jogo?**
a) Mudar gradativamente o modo de pensar e agir, ter esperança na vida.
b) Transformar imediatamente o modo de pensar e agir, renovar a vida.
c) Modificar, quando desejar, o modo de pensar e agir, ter otimismo.
d) Todas as opções estão erradas.

14) **Como se encontra a situação financeira do consulente?**
a) Instável, porém o consulente conseguirá pagar suas dívidas como deseja.
b) Instável, o consulente acumula dívidas e grandes perdas, terá que reparar o prejuízo.
c) Instável, o consulente está ansioso e sofre por causa das dívidas, deve se acalmar.
d) Todas as opções estão erradas.

15) **Como se encontra o destino do consulente?**
a) O consulente está em paz e esperançoso, mas o destino se encontra fechado; ele deve esperar.
b) O consulente está decepcionado e o destino está bloqueado; ele deve aguardar um tempo melhor.

c) O consulente está iludido e com problemas, mas o destino se encontra aberto e próspero; ele deve rever a situação.
d) Todas as opções estão erradas.

16) **O que acontecerá nos próximos três meses?**
a) O consulente conseguirá resolver lentamente seus problemas, solucionará tudo a longo prazo.
b) O consulente ainda enfrentará obstáculos e as situações não mudarão, mas ele está no caminho da solução.
c) O consulente terá ajuda do destino e de amigos para transpor todos os obstáculos da vida.
d) Todas as opções estão erradas.

OBS.: Veja o gabarito na página 276; errando, estude a lição correspondente.

Lições Complementares

Aula eletiva 1: Curiosidades históricas

1) **Você sabia que já existiu a profissão de artesão de tarô?**

A produção do tarô esteve tão enraizada na cultura europeia que surgiram os produtores oficiais de cartas. Em 1455, foi instaurado, por João II, rei de Navarra e Aragão (região que hoje compreende o sul da França e o nordeste da Espanha), o decreto que incorporou os artesãos de cartas à Confraria de São Juliano dos Mercadores de Barcelona e regularizou o exercício da profissão, seu ensino e também a fabricação e a venda das cartas. A exemplo do que ocorreu na Espanha, foi criada, em 1592, em Paris, a Associação dos Fabricantes de Cartas, denominados *tarotiers*. A partir desse período e até o final do século XIX, 492 gerações de famílias foram oficialmente responsáveis pela edição de tarôs, sem contar as centenas de artistas autônomos.

2) **Você sabia que o tarô foi monopólio estatal?**

O consumo de cartas foi uma febre na Europa entre os períodos da Renascença (séculos XV e XVI) e do Barroco (fins do século XV a meados do século XVIII), a tal ponto que alguns governantes tentaram monopolizar sua produção, e conseguiram. De 1583 a 1811, o governo espanhol manteve a Real Fábrica de Cartas produzindo uma média mensal de 240 mil pacotes de cartas (tanto de tarô como de baralho comum) para consumo interno e de suas colônias. O governo português manteve a Gráfica Real de Cartas de 1769 a 1832. Outros governos prefeririam confiar a produção a famílias locais, porém introduziram decretos proibindo a exportação e a importação das cartas, como ocorreu na Itália (1441), na França (1605) e na Inglaterra (1628).

3) Você sabia que havia um selo de tributação federal nas cartas do tarô?

Com exceção dos monopólios estatais que vimos anteriormente, todos os governos estabeleceram altas tributações para a produção de cartas. Oficialmente, o selo de taxação federal mais antigo que se conhece foi instituído por decreto pelo rei da França, Henrique III, em 1583, e impunha tributos sobre todos os tipos de cartas (tarô e baralho). Sua revogação só viria a ocorrer no governo Vichy, em 1940!! Um fato histórico interessante é que, em 1751, o rei da França, Luís XV, ordenou que todas as taxas provenientes das cartas fossem aplicadas diretamente no fundo monetário da Academia Militar. Atualmente, em alguns países, o selo foi abolido, mas é óbvio que os tributos continuam. Seguem-se os períodos em que o selo de taxação federal vigorou em alguns países: Itália (1588-1945), Áustria (1692-1939), Dinamarca (1752-1963), Suíça (1799 até a atualidade), Estados Unidos (1862-1965), Alemanha (1870-1981).

4) Você sabia que houve várias manifestações artísticas sobre o tarô?

Talvez um dos aspectos mais fascinantes do tarô, depois de sua aplicação oracular, tenha sido a sua representação nas artes. Há vários afrescos do século XV que mostram mulheres jogando tarô, como os do Castelo de Issogne (Aosta, Itália), da Casa Barromeo (Milão, Itália) e os do Castelo Sforza (Milão). O tarô também está presente em poemas como os de Merlini Cocai (1527) e de Girolando Bargalli (1572); em óperas, como as de Tomazo Garzoni (*Opera di Tomazo*, 1585), de Georges Bizet (*Carmen*, 1873) e de Tchaikovsky (*La dame du pic*, 1890); e em pinturas, como as de Lucas Van Leuden (1520) e de José Carbonero (1860). Enfim, o tarô teve sua influência nas artes europeias.

5) Você sabia que o tarô nunca foi proibido pela Igreja antes do século XX?

Nunca ninguém foi condenado pela Inquisição (1231-1834) por utilizar as cartas do tarô, pois a Igreja nunca o proibiu. Somente no século XX a Igreja faz sua oposição oficial à utilização do jogo de cartas como forma adivinhatória para os devotos, decisão que também adota em relação a outros oráculos (astrologia, numerologia, quirologia). As proibições que existiram foram somente em relação aos seus clérigos, pois não podiam jogar cartas ou ter qualquer outro tipo de distração profana – gamão, xadrez, tetractis, dança, música popular; até aí, nenhuma novidade, pois o sacerdócio impõe sacrifícios à carne.

6) Você sabia que os baralhos são diferentes em alguns países?

Se você ainda não ouviu falar, talvez ainda ouça, um dia, que a carta do Cavaleiro foi retirada do conjunto da corte, que a carta do Curinga substituiu a carta do Louco ou ainda que os baralhos se originaram do tarô, tudo para despistar a Inquisição, ocultando que o tarô fosse uma arte sagrada. Bem, já vimos que a Igreja nunca perseguiu quem jogava o tarô, agora vamos analisar esse devaneio místico. Tarôs e baralhos coexistem desde o século XIV! Também, desde o século XIV, a carta do Cavaleiro permanece nos baralhos espanhóis, alemães e italianos, nos quais não há a carta da Rainha (corte = Pajem, Cavaleiro, Rei). E ainda, desde o século XIV, a carta da Rainha permanece nos baralhos franceses, ingleses, holandeses e russos, nos quais não há a carta do Cavaleiro (corte = Pajem, Rainha, Rei). O Curinga surgiu pela primeira vez na cidade de Nova York por meio da empresa Samuel Hart & Co., em 1840, e chegou à Europa apenas em 1910! Seu aparecimento se deve à invenção, pelos americanos, de vários jogos que demandavam uma carta neutra, mestra.

7) Você sabia que o tarô não é uma arte cigana?

Os ciganos são de origem indiana, e não egípcia, conforme devaneiam alguns. Os ciganos eram uma tribo nômade que perambulava pela Índia, de onde foram expulsos pelo conquistador islâmico Timor Lang, entre 1390 e 1400. A tradição cigana era (e ainda é) a da leitura de mãos (quiromancia/quirologia). Os ciganos vagaram pelos desertos da Pérsia, até se dispersarem pelas regiões do Mediterrâneo e do leste Europeu. Precisamente em 1417, entraram no norte da Itália pelo porto de Veneza e, no sul da França, em 1422, pelo porto de Marselha, de onde partiram para todos os países da Europa. Portanto, quando os ciganos aportaram no continente europeu, as cartas já eram produzidas com a simbologia da sociedade local (roupas medievais) e por artesãos oficiais. Eles só começaram a jogar as cartas de forma oracular a partir do início do século XIX, depois que Antoine Court de Gebelin (1775), numa declaração insensata, atribuiu aos ciganos, de origem "egípcia", a introdução do tarô no continente europeu. À declaração de Gebelin, seguiu-se uma história inventada por Vaillant (1857) sobre como eles haviam levado o conhecimento das cartas. Bem, tais histórias perduram até hoje no imaginário popular.

8) Você sabia que foi Antoine Court de Gebelin quem inventou o passado egípcio das cartas?

Entre 1775 e 1784, o francês Gebelin, pastor evangélico e historiador, declarou em suas obras ter descoberto as origens do tarô, durante uma simples visita de 15 minutos a uma cartomante. Disse que as cartas eram hieróglifos egípcios escondidos dos bárbaros, disseminadas pelos ciganos e que ele havia encontrado a chave para a tradução da escrita arcaica. Gebelin traduziu a palavra *tarot* como a "estrada real da vida" e também muitos papiros, mas não escreveu sua obra para os ocultistas e sim para os historiadores e arqueólogos. Em 1820, quando Jean Champollion descobriu verdadeiramente a chave para a escrita egípcia e copta, revelou-se que tudo que Gebelin havia traduzido estava errado. Não existe a palavra *tarot* na língua egípcia e nenhum símbolo que se associe às cartas; assim, os conceitos de Gebelin acabaram esquecidos pela ciência, mas foram acalentados pelos místicos. Independentemente dos erros que cometeu em suas análises históricas, é inegável que Gebelin foi o primeiro a escrever sobre o tarô ou a tentar desvendá-lo, despertando o interesse de muitos ocultistas da época.

9) Você sabia que outros ocultistas inventaram outras histórias sobre a origem do tarô?

Entre 1850 e 1860, o jornalista e ocultista francês Eliphas Lévi fez sérias restrições ao trabalho de Gebelin e de Vaillant, sugerindo que ambos estavam errados: nem os ciganos teriam levado o tarô para a Europa e nem os egípcios o teriam inventado, mas, pasmem –, os hebreus! Segundo Lévi, as cartas foram introduzidas na cultura egípcia por Moisés! Outros ocultistas, para não ficarem sem suas glórias, foram um pouco mais além: Papus e Paul Christian, entre 1870 e 1900, disseram que não foi nada disso: o tarô teria sido introduzido por Hermes Trismegisto, o não menos famoso deus Thoth! Em 1936, outro ocultista inglês, Carl Zain, que também não queria ficar com menos mérito que seus antecessores, declarou que o tarô surgiu na legendária Atlântida! Bem, está faltando quem diga que ele foi trazido pelos extraterrestes.

10) Você sabia que Eliphas Lévi foi o primeiro a associar o tarô à cabala?

Antes de 1850, nenhum ocultista havia sequer pensado, escrito ou comentado sobre uma ligação simbólica entre o tarô e a cabala (sistema místico da Torá). Lévi criou uma correspondência entre os 22 arcanos maiores do tarô e as 22 letras do alfabeto hebraico, fazendo inúmeras ponderações metafísicas a respeito e especulando sobre os passos da magia ritualística. Muitos seguem suas teorias até hoje, mas outros criaram relações diferentes, dizendo que Lévi estava errado. Assim, atualmente, temos diversas escolas de pensamento sobre o mesmo assunto, e o simples fato de se fazer diferentes associações, algumas até contraditórias, lança suspeitas de manipulação do sistema. Vale salientar que a cabala serve à magia e à meditação e o tarô, ao oráculo.

11) Você sabia que foi MacGregor Mathers quem introduziu no esoterismo o tarô, depois copiado por todas as fraternidades?

Em 1888, tomando por base o trabalho de Eliphas Lévi, o ocultista inglês Mac Gregor amplia os conceitos e modifica as relações entre a cabala e o tarô. Desenvolve seu próprio sistema, fazendo a seguinte relação: cada letra do alfabeto hebraico tem uma relação astrológica e numérica, então cada carta do tarô terá uma referência da letra, número e signo cabalístico. A partir da aplicação desses conceitos cabalísticos às cartas do tarô, ele funda a ordem mística *Golden Dawn*. Pela primeira vez, no final do século XIX, o tarô é estudado exclusivamente por esotéricos; por fim, no século XX, todas as fraternidades se rendem ao estudo das cartas de tarô. Muitos dissidentes dessa ordem, tais como Arthur Waite, Aleister Crowley, Carl Zain, Paul Case, Manley Palmer e Israel Regardie, discordaram de seu grande mestre MacGregor, e cada um deles criou uma fraternidade com diferentes sistemas simbólicos para a associação do tarô à cabala. Atualmente, há mais de dez escolas diferentes aplicando este conhecimento; portanto, tome muito cuidado quando estudar livros sobre o assunto.

12) Você sabia que o primeiro a modernizar as imagens do tarô foi Arthur Waite?

Durante séculos, as cartas do tarô tiveram praticamente as mesmas cores, ornamentos e formas simbólicas. A tecnologia existente, desde a descoberta da imprensa até o início do século XX, não permitia grandes modificações na confecção de cartas, tudo era muito rudimentar: litografia ou xilografia. Somente nas cartas pintadas à mão a simbologia era perfeita em seu ornamento e cor; porém, o tarô custava tão caro que era incluído em espólios familiares. Existem vários documentos que relatam esse tipo de herança na Espanha, França e Itália. Um exemplo é o tarô de Visconti-Sforza, que perdura desde 1440. Com o desenvolvimento tecnológico no início do século XX, o avanço das teorias sobre a cadeia simbólica e a aceitação do tarô como uma ferramenta oracular, o ocultista Arthur Waite e a artista Pamela Smith editaram, em 1910, o tarô de Rider (Rider-Waite Tarot) – todas as 78 cartas são ricas em seu colorido e sua simbologia é bem traçada. Pela primeira vez, também, nos arcanos menores, que continham somente o quantitativo do naipe, são desenhadas imagens simbólicas de seu significado. A partir de então, todos os tarôs foram representados em diversas manifestações artísticas e transculturais.

13) Você sabia que o ducado de Milão jogava tarô comendo panetone?

O panetone, muito consumido durante a época do Natal, é originário da Itália, e como todos sabem há diversas formas de prepará-lo. Por volta de 1395, um membro da família Visconti, Giangaleazzo, criou uma receita de panetone que os brasileiros conhecem muito bem – Panetone Visconti. Essa mesma família, apaixonada por cartas e guloseimas, mandou produzir o famoso tarô que chamamos de Visconti-Sforza, cujas cartas foram desenhadas para a comemoração do casamento entre Felipo Visconti (filho de Giangaleazzo) e Maria Sforza, em 1441; as famílias se uniram para fortalecer o ducado (governo) do norte da Itália. Também mandaram fazer em seus castelos vários afrescos inspirados nas cartas, que datam de 1450 e são as primeiras pinturas artísticas a retratar o tarô de que se tem notícia.

14) Você sabia que o tarô egípcio mais estudado foi criado na Argentina?

O famoso tarô egípcio da Kier, tão comentado que esteve nas mãos dos sacerdotes egípcios guardando os grandes segredos do universo, foi, na realidade, criado em Buenos Aires, pela Editora Kier, em 1970! Esse tarô foi elaborado sob encomenda para acompanhar uma obra da mesma época: *La Cabala de Prediction* (A cabala de previsão) escrito por Julio Iglesias (não o cantor, mas um esotérico argentino). Na história do tarô, foram poucos os que tiveram iconografia egípcia: o primeiro foi fabricado em 1896 (Falconnier) e os demais em 1910 (Papus), 1970 (Kier), 1981 (Ansata) e 1989 (Íbis), entre tantos no século XX.

15) Você sabia que existem grandes acervos da história do tarô?

Vejamos alguns...

Cartas do século XV

- Tarô de Visconti-Sforza – Biblioteca Pierpont Morgan, Nova York, EUA.
- Tarô de Gringonneur – Biblioteca Nacional da França, Paris.
- Cartas de Guidhall – Galeria Guidhall, Londres, Inglaterra.
- Cartas de Rothschild – Museu do Louvre, Paris, França.
- Cartas de Tarocchi – Biblioteca Nacional, Turim, Itália.
- Cartas de Correr – Museu Correr, Veneza, Itália.

Cartas do século XVI

- Tarô da Real Fábrica Espanhola – Museu de Cartas Fournier, Alava, Espanha.
- Cartas Italianas – Museu Metropolitano de Nova York, EUA.
- Cartas de Veneza – Museu de Arte Popular, Roma, Itália.
- Cartas de Agnolo Hebreo – Museu Britânico, Londres, Inglaterra.
- Cartas de Sola Busca – Museu Britânico, Londres, Inglaterra.
- Tarô de Catlin Geofroy – Museu de Artes, Frankfurt, Alemanha.
- Tarô de Vandenborre – Museu de Cartas Fournier, Alava, Espanha.

Cartas do século XVII

- Tarô de Jacques Vieville – Biblioteca Nacional da França, Paris.
- Tarô da Gráfica Real Portuguesa – Museu de Cartas Fournier, Alava, Espanha.
- Tarô Florentino Minchiate – Museu de Cartas Fournier, Alava, Espanha.
- Tarô de Jean Noblet – Biblioteca Nacional da França, Paris.
- Tarô de François Chosson – Biblioteca Nacional da França, Paris.

Cartas do século XVIII

Ainda são editadas e podem ser encontradas em livrarias especializadas. Há centenas de cartas desse século.

- Tarô Veneziano – Museu de Cartas Fournier, Alava, Espanha.
- Tarô de Beltramo – Museu de Cartas Fournier, Alava, Espanha.
- Tarô de Jean-Pierre Payen – Museu de Cartas Fournier, Alava, Espanha.

- Tarô de Pierre Madenié – Museu Nacional de Zurique, Suíça.
- Tarô de François Heri – Museu Nacional de Zurique, Suíça.
- Tarô de Claude Tomasset – Coleção particular de Stuart Kaplan.
- Tarô de Grimaud – Coleção de Stuart Kaplan, Stamford, EUA.
- Tarô de Claude Burdel – Coleção de Stuart Kaplan, Stamford, EUA.
- Tarô de Bernard Schaer – Museu de História, Basel, Suíça.

Cartas do século XIX

Ainda são editadas e podem ser encontradas em livrarias especializadas. Seus originais estão em poder de colecionadores particulares, raramente em museus:

- Tarô de Jean Jerger
- Tarô de Jacques Burdel
- Tarô de Benois
- Tarô Suíço 1JJ
- Tarô Clássico
- Tarô de Oswald Wirth – primeiro tarô com simbologia hebraica, 1889!!!
- Tarô de Falconnier – primeiro tarô com iconologia egípcia, de 1896!!!

Às vezes, fico constrangido quando um aluno novo chega a mim indagando qual tipo de tarô irei ensiná-lo: Marselha, Mitológico, Crowley, Rider, Egípcio? Ou ainda perguntando qual minha visão de determinado arcano: "O que você acha da Lua, da Morte, da Torre... qual sua visão?" Qual, Qual, Qual? Ou, na pior das hipóteses, perguntando: "Você ensina a cabala para que se aprenda o tarô? Numerologia? Astrologia? Mitologia?" Vamos com calma... Para satisfazer as "simples" perguntas do estudante, eu necessitaria de algumas horas para colocar uma certa coerência no caos simbólico que se instalou no tarô nas últimas décadas.

Em primeiro lugar, tarô é tarô. Todos seguem a mesma estrutura simbólica: você já viu algum Eremita retratado como jovem? Ou nu? Claro que não! Já observou algum Mago simbolizado por um idoso? Ou sem os quatro elementos à sua disposição? Claro que não! Já observou algum Pendurado (ou Enforcado, como queira) em pé? Ou andando livremente? Uma Sacerdotisa sem vestes ou de aparência profana? Claro que não! Coloque lado a lado quinhentos tarôs e quinhentos livros sobre o assunto – as imagens dos tarôs parecerão diferentes à primeira vista, mas todos têm os mesmos simbolismos básicos. Agora pasme: todos os livros trazem as mesmas informações, algumas originais, outras compiladas; alguns mais bem escritos, com mais verbos, substantivos, adjetivos, outros pessimamente redigidos, mas todos são substancialmente iguais! Eu nunca li que O Mago simboliza o final de um ciclo; A Morte, a felicidade; O Carro, a derrota, ou que A Sacerdotisa seja sinônimo de alegria e de ação. Você já? Claro que não! Ou melhor, nunca lerá tais conceitos! O Mago simboliza sempre o livre-arbítrio, o início, as inúmeras possibilidades latentes da vida; A Morte, a dor de mudar o ego, tanto quanto as ideias e os planejamentos, a aceitação de uma nova vida mesmo que não se deseje; O Carro, o desenvolvimento dos projetos pessoais, a diretriz correta, o caminho aberto para a vitória, a força interior rumo aos objetivos; A Sacerdotisa, a reflexão dos projetos, a passividade nas diretrizes, o escambo nas ações, a fidelidade aos princípios pessoais.

Bem, acho que já respondi qual tipo de tarô eu ensino: *o tarô*. Seja qual for o nome que se dê a ele, não importa!

Em segundo lugar, não se pode ter uma visão diferente dos diversos tarôs ou de seus arcanos, senão tudo terminará em caos. O conceito de cada arcano não pode ser alterado, aliás, nenhum livro faz isso. Mas, infelizmente, instrutores ou mestres, às vezes por participarem de alguma seita ou por terem uma visão limitada da estrutura do tarô, podem transmitir conceitos distorcidos. Assim, teve início um sério problema na instrução oral do tarô nas últimas décadas... Quando alguém se refere ao tarô da seguinte forma: "*A minha visão de tal arcano é...*", isso reflete uma incapacidade de analisar o tarô, sua estrutura, seus símbolos e sua história. Limitações referentes ao vernáculo, à semântica, à linguística ou ao conhecimento simbólico também podem impedir que se transmita toda a amplitude dos significados dos 78 arcanos do tarô, sua diferenciação, bem como sua aplicação. É nesse preâmbulo que se encontram as maiores divergências para explicar o tarô: falta de cultura sobre o próprio tarô! Não deve haver visões ou conceitos diferentes.

Em terceiro lugar, é abominável explicar um sistema simbólico por outro sistema simbólico! Explicar um mito por outro mito, uma história por outra história; ou seja: é um equívoco explicar o tarô por meio da cabala, da numerologia, da astrologia ou da mitologia. Os arcanos do tarô são ricos em atributos próprios e não é necessário aplicar-lhes outros conceitos, basta analisar unicamente seu simbolismo clássico! É óbvio que as leis que regem o universo oculto (esotérico e exotérico) são as mesmas para todo sistema simbólico – é neste ponto perene e sutil que elas se conectam. Existem as ligações conceituais, mas cada sistema tem a sua estrutura particular e peculiar, e elas podem apresentar pontos em comum, mas não são iguais. A falta de conhecimento sobre o próprio tarô leva o estudante a incorrer nesse erro.

Até hoje, eu nunca conheci alguém que tenha estudado o tarô por meio da cabala e tenha aprendido o seu significado ou como usá-lo adequadamente. O que observo é uma análise cabalística, que qualquer estudante de cabala faz sem precisar estudar o tarô. O mesmo acontece com quem aprende o tarô por meio da astrologia – da linguagem astrológica – e das demais áreas. Sempre faltará uma decodificação atual, moderna, acessível a todos que consultam este maravilhoso oráculo. Com esse tipo de estudo, os arcanos do tarô perdem sua força simbólica, sua amplitude e seu valor real: esvaziam-se. Essas analogias poderão ser feitas depois que se tenha absorvido completamente a estrutura simbólica do tarô e, mesmo assim, muito mais por interesse pessoal do que para transmitir conhecimentos.

Em quarto lugar, o que é o tarô ? Um alfabeto simbólico, mágico, transcendental, um diagrama da vida, uma mensagem do inconsciente, uma ponte entre a alma e o espírito, um contato com os planos divinos? É difícil responder, uma vez que o tarô se enquadra em cada uma das sugestões; contudo, posso garantir que é um oráculo baseado na estrutura mental do ser humano, dos fatos naturais da vida; seus símbolos são transposições arquetípicas de nosso comportamento – tudo o que se refere à nossa existência pode ser encontrado nos arcanos do tarô, basta saber ler este maravilhoso alfabeto mágico. O tarô não é adivinhação, nem vidência, nem autoconhecimento – é tudo isso ao mesmo tempo! As vias oraculares dos arcanos não se destinam somente a verificar o amor, a saúde, as finanças, a profissão, a família, o casamento, o namoro; todos esses aspectos são uma parte do universo simbólico do tarô, que inclui a meditação e o autoconhecimento.

O tarô pode ser considerado a arte mais eclética que existe em nossa era, pois é capaz de agregar todas as filosofias das ciências ocultas – alquimia, hermetismo, gnosticismo, astrologia, numerologia, cabala, teosofia, magia – e as não tão ocultas – filosofia, história, psicologia, antropologia, simbologia, linguística, mitologia – sem, contudo, estabelecer qualquer vínculo direto, sejam dogmas ou doutrinas. Neste preâmbulo das ciências ocultas estudadas a partir de analogias com os arcanos, reside muito da confusão simbólica sobre o tarô, pois a maioria dos estudantes quer estabelecer ligações diretas quando só existem conexões indiretas, apenas um elo perene e nunca didático. Estude o tarô, deixe o resto para depois... muito tempo depois...

Finalizando. Não sou o dono da verdade nem quero ser, mas, nas últimas décadas, tenho pesquisado em bibliotecas e museus de vários países a vasta literatura sobre a história e os símbolos do tarô. No campo histórico, tenho visto muito mais divergências do que uma direção, percebo mais opiniões pessoais do que filosóficas; no campo institucional, observo mais incoerências do que uma certeza e uma diretriz. Não tenho respostas únicas e certas, a única coisa de que tenho certeza é de que estamos na contramão da verdade histórica e filosófica do tarô. Na última década apareceram muitas pessoas que pensam como eu – ou talvez eu pense da mesma maneira que elas. De qualquer forma, nós, pesquisadores dos símbolos do tarô, estamos preocupados com uma possível deturpação simbólica e conceitual do pouco que conhecemos, mas estamos abertos para uma evolução estruturada em uma visão filosófica, espiritual e histórica.

Muitos estudantes pensam que para aprender o tarô é necessário estudar a cabala, a astrologia e a numerologia; bem, não é. Não sou contra os que defendem ou gostam dessas áreas, eu mesmo já as estudei profundamente, porém nunca achei as respostas que procurava para a estrutura (tarologia) ou para seus jogos (taromancia). Na verdade, nunca encontrei alguém que as tenha estudado e aplicado numa consulta – talvez o tenham feito para si... Eu perdi tanto tempo procurando entender a cabala, a astrologia e a numerologia *aplicadas* aos arcanos, que aprendi a lidar profundamente com cada uma dessas áreas, mas nenhuma delas me ensinou o que é o tarô. *O que posso dizer é que quase me afastei do próprio tarô ao estudá-las!* Com o tempo, fui percebendo a diferença entre elas, suas utilidades e, principalmente, os pontos falhos de integração estrutural. Por exemplo, na numerologia, o número 5 revela um símbolo de rebeldia, êxtase, diversão, com indicação favorável para questões financeiras e viagens; no tarô, o arcano 5, O Sacerdote, simboliza ordem, disciplina, contratos sociais, dogmas, moralidade. Ora, são bem antagônicos, não são? Na astrologia, o signo de câncer simboliza todo valor familiar, afetivo, materno, passivo, concentra-se no passado e na educação; no tarô, algumas cartas têm o símbolo de câncer, como o arcano 7, O Carro. Bem, esse arcano representa determinação, coragem, impulsividade, uma força rumo ao futuro! Bem diferentes, não são? Alguns tarôs consideram a letra hebraica *alef* como o arcano 1, O Mago, outros, como o arcano sem número, O Louco. Confuso, não? Isso sem considerar as inúmeras analogias antagônicas que algumas correntes cabalísticas fazem. Por exemplo, algumas escolas esotéricas associam o arcano 4, O Imperador, à letra hebraica *dalet*, outras, à letra *he* e outras, ainda, à letra *tzadi*. Haja paciência!

Nós vimos nas lições e textos anteriores que por muitos séculos não houve conexão entre o tarô e o esoterismo, e que somente a partir do período 1775-1850 os ocultistas perceberam a importância deste oráculo e começaram a estudá-lo. Bem, não havia muita coisa escrita, somente as cartilhas de famosas cartomantes parisienses, chamadas de sibilas, tais como Mlle. Lenormand e Julia Orsini, e do cartomante Etteilla. Como os ocultistas do século XIX adoravam filosofar sobre a metafísica do universo e não encontraram nada escrito sobre o tarô entre as grandes obras literárias dos séculos anteriores, começaram a estabelecer todo tipo de argumentação sobre os arcanos e a reinventar seu passado. Essa iniciativa teve um aspecto positivo formidável, pois permitiu que se descobrisse uma fonte maravilhosa de autoconhecimento e de orientação do livre-arbítrio, despertando o interesse da área esotérica; contudo, teve também um aspecto negativo, pois induziu muitas pessoas a pesquisar em direções erradas, e algumas delas até deturparam a simbologia e a estrutura dos arcanos. Somente no final do século XX, o estudo do tarô começou a entrar em seu verdadeiro ritmo e direção, mas ainda se detecta muita superstição e desinformação por parte de antigos instrutores e no que se comercializa sobre o tema.

Atualmente, são oferecidos, em média, quinhentos tipos de tarôs em catálogos de várias empresas estrangeiras especializadas, tais como a U.S. Games (EUA), A.G. Müller (Suíça), Lo Scarabeo (Itália), e Naipes-Fournier (Espanha), e uns 15 tipos no Brasil. Na Lição 2, aprendemos a classificá-los; entretanto, há uma particularidade em muitos deles que é importante você saber para não achar que estão errados. Você encontrará muitos tarôs em que o *arcano 8* é o símbolo da Força e o *arcano 11* é o da Justiça – o contrário do que vimos na Lição 4. Tudo começou quando Arthur Edward Waite – ao criar o *Rider-Waite Tarot*, em 1910, pelas mãos de Pamela Smith – trocou o número de dois arcanos: posicionou A Justiça com o número 11 e A Força com o número 8; porém, manteve seus valores significativos, ou seja, estão com uma numeração diferente da dos tradicionais. *"Por que isto ocorreu?"* Na realidade, Waite não mudou nada! Quando nos reportamos ao tarô de Waite ou ao de Crowley (como você verá no próximo parágrafo), não podemos nos esquecer de que os dois autores ocuparam os mais altos postos hierárquicos na ordem inglesa *Golden Dawn* e dela sorveram a base dos "conhecimentos ocultos" atribuídos ao tarô pelo magista inglês MacGregor Mathers, em 1888. Assim, ao se associar o tarô de Waite ao alfabeto hebraico e este aos caminhos da Árvore da Vida, se obtém a fórmula doutrinária da ordem *Golden Dawn* e a referida "troca" de posição entre os arcanos 8 e 11. Observe a seguir a sequência de tarô e cabala que pertence à escola *Golden Dawn* e a seus dissidentes, mas cuidado ao tomá-la como base única e verdadeira, pois existem várias escolas cabalísticas diferentes, cada uma para um princípio espiritual distinto. Volto a insistir que isso não altera em absolutamente nada os valores tradicionais dos arcanos e nem sua leitura. Na tabela a seguir, veremos somente as relações necessárias.

Sequência – ARCANO x letra		Sequência – LETRA x arcano	
TARÔ CLÁSSICO	*Alfabeto*	*ALFABETO*	*Tarô de Rider*
s/n – O Louco	1ª aleph	1ª aleph	s/n – O Louco
1. O Mago	2ª beth	2ª beth	1. O Mago
2. A Sacerdotisa	3ª guimel	3ª guimel	2. A Sacerdotisa
3. A Imperatriz	4ª daleth	4ª daleth	3. A Imperatriz
4. O Imperador	5ª he	5ª he	4. O Imperador
5. O Sacerdote	6ª vav	6ª vav	5. O Sacerdote
6. O Enamorado	7ª zain	7ª zain	6. O Enamorado
7. O Carro	8ª chet	8ª chet	7. O Carro
8. A Justiça	**12ª lamed**	**9ª teth**	**11. A Força**
9. O Eremita	10ª yod	10ª yod	9. O Eremita
10. A Roda da Fortuna	11ª kaph	11ª kaph	10. A Roda da Fortuna
11. A Força	**9ª teth**	**12ª lamed**	**8. A Justiça**

Assim, Waite não trocou os arcanos 8 e 11 na estrutura do tarô como se pode pensar; a simples associação da 12ª letra hebraica – *lamed* (K) – ao arcano 8, A Justiça, e da 9ª letra – *teth* (J) – ao arcano 11, A Força, propiciou esta disfarçada e indigesta mudança, que terminou por desorientar muitos estudantes e ilustradores de tarô no século XX.

Outra alteração que você encontrará em diversos tarôs é a dos "nomes" dos personagens da corte dos arcanos menores. Um caso similar ao da inversão dos arcanos maiores no tarô de Rider (8-11) nas cartas de *Thoth* – tarô desenhado por Frieda Harris em 1935, sob a orientação de Aleister Crowley. Ele trocou os nomes e as posições das cartas da corte em função de sua doutrina mágica particular (ver quadro a seguir). Alguns escritores e desenhistas de tarô têm clonado o sistema mágico de Crowley e/ou de Waite por considerá-lo uma regra geral, sem saber o porquê, e isto contribui para a deturpação da estrutura do tarô. Essa nova onda de criatividade faz com que os leigos pensem que existem tarôs diferentes, corrigidos, modernos ou melhores.

Contudo, chamo a atenção dos estudantes para o fato de que as explicações fornecidas por Crowley e Waite são as mesmas de qualquer literatura clássica, eles apenas estilizaram as imagens do tarô, mudando algumas nomenclaturas e ampliando as analogias, porém o conteúdo permanece o mesmo!

Tradicional	Crowley e Clonados	Significação
Pajem	Princesa	*igual*
Cavaleiro	Príncipe	*igual*
Rainha	Rainha	*igual*
Rei	Cavaleiro	*igual*

Atualmente, a maioria dos estudantes da nova geração analisa e questiona os trabalhos do final do século XIX e do início do século XX, numa tentativa de elaborar melhores condições de avaliação histórica e estrutural. Hoje, os mais esclarecidos sabem que todos os estudos sobre tarô, cabala, astrologia, numerologia e mitologia ainda são suposições, pontos de vista, formas de pensar. Essa concepção argumentativa não traduz o que é o tarô, não esclarece os valores dos arcanos, não revela para que servem as cartas ou como jogá-las. Todos têm se voltado cada vez mais para o estudo purista dos tarôs com simbologia e nomenclatura clássica, afinal é a fonte original.

Voltamos à minha famosa frase: *Tarô é tarô.*

Primeiro degrau – Elemento Terra – Aprendizado do TER (Plano material do arcano maior ou do naipe de Ouros)

O grande aprendizado humano é adquirir. Nós nascemos sós e nada nos pertence, nem a nossa vontade. Somos alimentados, vestidos e conduzidos pelos familiares até a idade adulta, quando procuramos estabelecer estruturas pessoais. Durante esse período de "incubação familiar" tudo parece fácil, não sabemos o que é lutar para sobreviver, pois tudo de que necessitamos advém da família. Mesmo os mais pobres e sem lar, quando jovens, dependem da boa vontade social. Somente a partir da maturidade damos valor ao plano material e tentamos estruturar o futuro adquirindo todas as nossas vontades. Esse degrau simboliza as AQUISIÇÕES e tudo o que podemos ter de resultados em nosso poder: bens, imóveis, pessoas, casamento, relação, dinheiro, status, trabalho, profissão, investimentos.

Segundo degrau – Elemento Ar – Aprendizado do SER (Plano mental do arcano maior ou do naipe de Espadas)

Quando entramos na adolescência, começamos a pensar e analisar de forma consciente nossas vontades. Temos a necessidade de SER alguém e mostrar nosso TER. Lutamos contra a família, que nos incubou, para nascermos para a sociedade, sermos livres e donos de nosso próprio destino. Inicia-se o livre-arbítrio. Nesse estágio, o aprendizado é se esforçar de forma elaborada para alcançar tudo que queremos ter: bens, pessoas, profissão, status. A paixão pela vida brota da ânsia de sermos felizes em meio ao mundo social. Esse degrau simboliza nossas FILOSOFIAS e tudo que podemos ser através de nossas metas, planejamentos, ações, idealizações, diretrizes, conhecimento, razão e lógica.

Terceiro degrau – **Elemento Água – Aprendizado do ESTAR** (Plano sentimental do arcano maior ou do naipe de Copas)

Apenas na maturidade surge o aprendizado de sentir a vida, de perceber nossas necessidades mais profundas e a natureza de nossa alma. Nessa fase, desenvolvemos a capacidade de amar verdadeiramente a nós e aos outros, descobrindo quem somos e o que queremos. Temos a sensação de mergulhar no abismo do inconsciente, pois dentro de nossa alma não há limites emocionais; os limites são percebidos, mas não aprendidos, no primeiro e no segundo degraus da evolução. Esse degrau simboliza a nossa ALMA e todo o nosso ESTAR, aqueles momentos em que vivenciamos sentimentos cruéis e benévolos, ódio ou amor. Esse estágio é totalmente individual – não podemos amar por dois nem dividir uma vingança – o mundo emocional é exclusivamente nosso: sentimentos, sonhos, fantasias, desejos, imaginações, sensações, amor, ódio, vida interior.

Quarto degrau – Elemento Fogo – Aprendizado do FICAR (Plano espiritual do arcano maior ou do naipe de Paus)

Depois de várias etapas em nossa vida, de observar o TER, o SER e o ESTAR, finalmente aprendemos que nada é para sempre, ou eterno, e aprendemos a FICAR. Nessa última fase de evolução pessoal, desenvolvemos a capacidade de lutar sem nenhum subterfúgio, a permanecer enquanto é possível.
 Entendemos as dificuldades da vida, os dissabores, as desi-

lusões, os êxitos e as glórias. Passamos a ser mais condescendentes e, por fim, aprendemos os nossos limites pessoais e sociais. Podemos seguir em frente lutando eternamente pela vontade de adquirir nosso lugar no mundo e sermos felizes. Esse degrau simboliza a TRANSCENDÊNCIA de todos os nossos valores e a aquisição da capacidade de produzir a vida em sua totalidade com compreensão, empreendimento, honra e verdade. Temos, finalmente, uma EVOLUÇÃO.

Observação: É de suma importância o entendimento dos quatro elementos e a pesquisa do significado dos verbos *ter, ser, estar* e *ficar*. Eles serão as bases filosóficas das manifestações dos arcanos (nos planos material, mental, sentimental, espiritual), bem como serão o meio de classificação da pergunta macular para que se estabeleça uma relação com o arcano e/ou a casa ao método escolhido.

Aula eletiva 5: Tarologia x Taromancia

Fazer um estudante entrar no mundo do tarô não é uma tarefa fácil. **Primeiro**, porque ele vem imbuído de uma visão mística – uma "entidade espiritual" revelará o poder cósmico do destino através de imagens holográficas que surgirão diante das cartas, seguida por vozes angelicais, mestres espirituais e sons divinos – uma verdadeira multimídia esotérica... **Segundo**, porque ele pensa que não precisará saber nada, apenas decorar algumas palavras mágicas que seu mestre ensinará. Assim, ele poderá saber tudinho o que vai acontecer na vida dos outros... **Terceiro**, e o pior, ele acredita que precisará de uma iniciação através de rituais diante do tarô com vela, taça, incenso e tudo a que tem direito, pois sem esse ritual as "cartas" não funcionarão... Bem, fui um pouco sarcástico, não fui? Claro, mas algo do gênero sempre paira no ar em minhas primeiras aulas. Posso assegurar que o tarô não é nada disso! Ele está aberto a qualquer um que deseje estudá-lo, não pertence a qualquer segmento espiritual e não está conectado a qualquer sistema de crença, ele se encontra à disposição de todos que queiram aprendê-lo.

É difícil, eu entendo, para um estudante de tarô, absorver rapidamente a engrenagem simbólica, a doutrina e a filosofia do tarô. Devemos aceitar o fato de que estamos aprendendo uma nova linguagem, um alfabeto simbólico, uma leitura de planos holísticos. Mas geralmente os alunos querem saber como o tarô funciona na prática, sem terem a real dimensão da abrangência ou do próprio limite de um arcano. O primeiro passo rumo ao verdadeiro conhecimento de um arcano se processa com seu estudo simbólico. O segundo e decisivo passo se desenvolve na estrutura geral do tarô, em todo o arcabouço dos arcanos, com a diferenciação da *tarologia* e da *taromancia* – são duas áreas distintas, mas impossíveis de serem desagregadas. Sem esses dois preciosos passos, não será possível chegar a uma leitura prática satisfatória ou à certeza de que se trilha caminhos verdadeiros rumo ao autoconhecimento e ao entendimento do oráculo.

Tarologia = estudo dos símbolos

Nesse parâmetro, estudamos todos os símbolos, sintomas e atributos de cada arcano, as relações estruturais, as possibilidades de interpretações, as manifestações, a história escrita, as lendas, as conjecturas. Aprendemos a conhecer a evolução de uma situação ou pensamento através da sequência de seus arcanos, levando-se em conta todos os caminhos de erros e acertos inseridos na estrutura do tarô. Porém, considero a parte mais gratificante da tarologia o rumo ao autoconhecimento a partir desses entendimentos. Observo que tanto eu, quanto meus alunos e amigos do campo místico começamos a traçar melhor nossos objetivos e planejamentos tomando por base o conhecimento hermético contido no tarô. Cada passo da vida pode espelhar, ou identificar, um arcano regente e, consequentemente, observamos seu direcionamento para outro arcano, sintoma e evolução, podendo melhorar cada vez mais nosso ritmo pessoal.

A meditação com os símbolos do tarô, atualmente muito desenvolvida nos Estados Unidos, serve para equilibrar o cerne de nossa psique, buscar um novo propósito de vida em determinado momento, procurar um arcano que melhor se adapte às necessidades desejadas – não como realização externa, mas como evolução interna. Também poderemos buscar um arcano que venha preencher, com uma nova visão, uma lacuna em nossa personalidade, na tentativa de formar uma nova *persona* individualizada e equilibrada. Na meditação com o tarô, residem muitos aspectos referentes à psicologia junguiana, que se reporta sempre aos efeitos dos impactos simbólicos que ocorrem na personalidade humana. Este tipo de trabalho é visto como uma magia pessoal ou aprendizado espiritual da vida e representa uma fórmula para nos adequarmos à nossa tão atribulada vida social e urbana.

A filosofia de vida por intermédio do tarô é um campo pouco utilizado conscientemente, que tanto se confunde com o aprendizado espiritual quanto com o profano ou com o sagrado. Ela se reporta às análises da vida. Quem já esteve em contato com estudantes de tarô deve ter ouvido falar: "Tive que passar por uma Torre para conhecer os erros de minha vida", "Preciso ser como o Pendurado neste momento" ou "Estou numa fase de Estrela". O que significa tudo isso, senão uma autoanálise? Ou seja, quem conhece um pouco do tarô sabe o que é certo e errado ou as consequências de determinados atos, sem precisar abrir o oráculo. Sempre ensino aos meus alunos que o autoconhecimento por meio do tarô é obtido apenas por quem o estuda. Entendendo o tarô, seja de uma forma superficial ou profunda, é possível realizar análises filosóficas da vida, que nos permitem compreender os processos naturais, pessoais e cíclicos de qualquer situação, ou a própria evolução. Nesse preâmbulo, existem quatro doutrinas que se *assemelham* ao *pensamento e à filosofia evolucional do tarô*: hermetismo, gnosticismo, alquimia e logosofia.

Taromancia = jogos, oráculo, orientação

Nessa classificação, aplicamos todos os conceitos teóricos que estudamos na tarologia, em forma decodificada, para um assunto inicial. A leitura correta de determinada manifestação do arcano para um assunto em particular é fundamental. Fazemos análises simbólicas para definir uma projeção natural dos acontecimentos pesquisados, observando como está sendo evidenciado o período. Para toda essa aplicação, necessitamos de uma diretriz, e a taromancia depende de métodos, ou seja, da forma de expor as cartas em jogos – sem um método adequado é impossível ler o tarô e almejar uma resposta conclusiva. Os arcanos sozinhos serão apenas um alfabeto simbólico, como nosso alfabeto de A a Z. Nos jogos de tarô precisamos, primeiramente, de uma pergunta ou questão; em seguida, da aplicação de um método adequado à situação, para que possamos obter a resposta desejada. Voltando ao nosso alfabeto: juntando as letras, formamos palavras e frases; no caso do tarô, ilustramos histórias pessoais.

O campo de atuação mais conhecido do tarô é, sem dúvida, o dos jogos oraculares, que são procurados a partir do desejo, da orientação ou da curiosidade. Nesse aspecto, o tarô é visto como uma arte mística e divinatória, que está muito mais num parâmetro intuitivo e mediúnico do que de estudo, pesquisa e análise. Independentemente do que se pense de um tarólogo, seus jogos servem para nortear nossos propósitos, orientar nosso livre-arbítrio nas questões pessoais, sem, contudo, determinar uma única direção para o seu desfecho, pois na dialética humana sempre haverá a interferência dos seres envolvidos. Não há um fatalismo tendencioso neste oráculo; quando houver uma transformação necessária, esta será sempre para o aprendizado pessoal e a evolução espiritual. Em uma leitura de tarô, poderemos observar quem está complicado: nós, os outros ou o destino?

No âmbito da taromancia, você ouvirá de algumas pessoas mal instruídas que não se deve falar "as cartas do tarô", mas sim as "lâminas do tarô", ou que o tarô é uma "orientação" e não uma "adivinhação"; bem, isso se deve à tradução de diversas obras. Você leu nas primeiras lições que tanto o americano quanto o europeu usam o tarô para jogos lúdicos e oraculares e que eles fazem tal diferenciação – jogar, ler, adivinhar – para distinguir qual o objetivo envolvido. Assim, algumas das obras mencionavam tais diferenciações para que o iniciante pudesse aprender a empregar o termo correto. Entretanto, a maioria dos povos não tem a cultura de jogar o tarô de forma lúdica; portanto, para nós, tanto faz falar: as cartas, as lâminas, os arcanos, ou, ainda, jogar, abrir, adivinhar ou ler – *absolutamente tudo é uma questão linguística ou de gosto pessoal, jamais de base esotérica!*

Existem muitos videntes utilizando o tarô em suas consultas, mas eles poderiam estar usando bola de cristal, conchas ou moedas, pois teriam as mesmas respostas. Um tarólogo não é, necessariamente, um vidente, o que ele deve ser é um estudioso da simbologia e da metodologia do tarô. Podemos fazer uso de nossa intuição, mas o tarô é essencialmente simbólico, lógico nas análises. Além disso, o tarô não é jogado apenas por intuição. É preciso ter muito cuidado ao utilizá-lo por vidência ou intuição – é preferível uma análise técnica e correta do que um devaneio místico. Muitas pessoas têm um belo canal espiritual de vidência e intuição, mas, por não cuidarem de sua vida espiritual por meio de alguma religião ou fraternidade, este belo canal se deteriora. Assim, muitos sabem que o possuem, mas nada fazem para desenvolvê-lo. Quando essas pessoas utilizam o tarô para expressar sua vidência, podem fazê-lo de forma incorreta. Para evitar uma leitura errada, por mais intuição ou vidência que você tenha, estude sempre a simbologia e aprenda o que é a tarologia, depois a taromancia. Em todo caso, você *não* precisa ser nenhum médium, paranormal ou fazer qualquer tipo de ritual ou magia para aprender o tarô, basta querer e estudar!

Sem tarologia não há taromancia, pode haver "achomancia"...

Durante meus cursos de tarô, tanto em salas de aula quanto pela internet, uma das perguntas campeãs refere-se aos nomes e imagens dos arcanos. Todo estudante deve partir do princípio de que existem mais de quinhentos tipos de tarôs sendo ofertados e que a produção artística é inesgotável; assim, num mercado consumista direcionado para os mais diversos gostos, o tarô não iria ficar de fora! A cada ano, são oferecidas dezenas de tarôs novos, uns mais belos que outros; porém, para o iniciante, sempre ficam questionamentos como: "Que tarô é esse? É tão diferente..." Ou ainda: "Não consigo entender o nome da carta, é diferente do que aprendi..." "As imagens são tão diferentes..." Vimos nas primeiras lições que os tarôs foram desenhados a partir das estruturas clássicas e que há uma enorme variação artística. *Vale sempre a regra:* ninguém inventa um tarô! Se não tiver a estrutura preestabelecida, não é um tarô! São as "cartas de fulano de tal", mas mesmo estas cartas têm seu mérito particular – xamânicas, florais, anjos, ciganas. Contudo, essa questão das imagens foi bastante discutida anteriormente, espero que esteja esclarecida. Agora, passarei à complementação da nominação das cartas.

Uma carta de tarô é ***essencialmente constituída de imagens*** (símbolos). O seu nome (signo) é o que menos importa para o seu estudo; *contudo, é* no que a maioria dos alunos se baseiam para *falar ou estudar o arcano*. Só se consegue entender os tarôs atuais e tantos outros que estão por vir estudando a estrutura simbólica clássica e o seu significado. Se o iniciante não compreender de uma vez por todas, por exemplo, que não existe um arcano 4 que não contenha a imagem de um governador, que não existe um arcano 5 que não contenha a imagem de um homem com vestes sacerdotais, não conseguirá entender o tarô! Exceção para os tarôs transculturais e surrealistas, mas que com um pouco de conhecimento simbólico é possível perceber que são análogos aos clássicos. Bem, as cartas do tarô são únicas em toda sua estrutura – não existem duas imagens com o mesmo contexto simbólico. Assim, a única imagem de um governante nos arcanos maiores é a do arcano 4, O Imperador, como a única imagem de um religioso é a do arcano 5, O Sacerdote. Isso vale para todas as cartas!

Portanto, não é difícil saber o nome da carta quando se conhece o seu conteúdo simbólico! Apenas uma carta dos arcanos maiores mostra um homem em cima de uma biga – o arcano 7, O Carro; somente uma carta apresenta uma mulher sentada com livros e/ou chaves na mão – o arcano 2, A Sacerdotisa... Insisto para que você estude bem os conceitos básicos da tarologia de cada arcano, pois são princípios fundamentais para se ler rapidamente qualquer outro tarô clássico ou moderno. Fechando essa questão das imagens, outro aspecto que você fatalmente encontrará e que poderá gerar grandes dúvidas são os 56 arcanos menores. Nos tarôs clássicos e em alguns modernos, somente as cartas da *corte* são constituídas de imagens; as *numeradas* contêm símbolos em quantidades análogas ao número do arcano. Por exemplo: o Dois de Copas contém duas taças; o Dez de Ouros contém dez moedas, e assim por diante. As imagens – símbolos dos arcanos menores – só começaram a aparecer a partir de 1910 com o tarô de Rider-Waite e, desde então, muitos outros ilustradores de tarô passaram a desenhar situações análogas ao sentido do arcano. Por exemplo: no Dois de Copas, que simboliza a união, o amor e a sociedade, começaram a desenhar duas pessoas namorando, a assinatura de um contrato, uma situação de amizade ou de harmonia etc. Assim, no que se refere à maioria dos tarôs atuais, você tem que conhecer o sentido do arcano para entender o porquê da imagem.

Quanto aos nomes dos arcanos, propriamente ditos, esbarramos nos mesmos problemas de tradução a que aludi na Aula eletiva 5: apresentam conceitos linguísticos da própria região de origem e/ou erros de tradução técnica. Fora esta polêmica, existem muitos tarôs importados com os quais perdemos tempo na tentativa de traduzir o nome da carta quando as imagens simbólicas estão bem na frente!!!! Por exemplo, o arcano 5 pode levar o nome de hierofante, hierarca, papa, grande sacerdote, sacerdote, pai-de-santo, pastor... Você já teve a curiosidade de analisar esses nomes num bom dicionário? Pois é, são variações para a mesma coisa... *Assim como temos símbolos análogos, também temos nomes análogos...* Em todo caso, segue-se uma lista dos possíveis nomes que se podem encontrar para cada arcano nos tarôs clássicos e modernos, pois nos transculturais e surrealistas, os nomes estão baseados na mitologia ou na fábula que está sendo analisada e, nesse caso, precisaríamos de umas trezentas tabelas para organizar tudo! Em relação à nomenclatura estrangeira, deixei de lado as línguas italiana, alemã, suíça, russa e grega por termos poucos tarôs nesses idiomas à venda no Brasil. No caso das línguas escolhidas (inglês, francês, espanhol) transcrevi os nomes mais usuais; entretanto, também há muitas variações – nunca se esqueça: *o simbolismo é a chave!*

22 ARCANOS MAIORES						
Carta	Nome	Variação	Variação	Inglês	Francês	Espanhol
1	Mago	Ilusionista	Prestidigitador	Magician / Juggler	Bateleur	Mago
2	Sacerdotisa	Papisa	Juno	High Priestess	Papesse	Papesa
3	Imperatriz	Guardiã	Mãe	Empress	Impératrice	Emperatriz
4	Imperador	Governante	Faraó	Emperor	Empereur	Emperador
5	Sacerdote	Hierofante	Papa	Pope / High Priest	Pape	Papa
6	Enamorado	Amantes	Amor	Lovers	Amoureux	Enamorados
7	Carro	Carruagem	Triunfo	Chariot / Car	Chariot / Voyage	Carro
8	Justiça	Ajustamento	Ordem	Justice	Justice	Justicia
9	Eremita	Ermitão	Sabedoria	Hermit	Ermite	Ermitaño
10	Roda da Fortuna	Fortuna	Destino	Wheel of Fortune	Roue de la Fortune	Rueda
11	Força	Luxúria	Persuasão	Strength / Lust	Force	Fuerza
12	Pendurado	Enforcado	Apostolado	Hanged Man	Pendu	Colgado
13	Morte	Ceifador	Sem nome	Death	Mort	Muerte
14	Temperança	Arte	Alquimia	Temperance /Art	Tempérance	Templanza
15	Diabo	Fogo	Pan	Devil	Diable	Diablo
16	Torre	Casa de Deus	Raio	Tower	Maison de Dieu	Casa de Dios
17	Estrela	Esperança	–	Star	Étoile	Estrella
18	Lua	Crepúsculo	Noite	Moon	Lune	Luna
19	Sol	–	–	Sun	Soleil	Sol
20	Julgamento	Novo Eon	Nova Era	Judgment	Jugement	Juicio
21	Mundo	–	–	World	Monde	Mundo
s/n	Louco	Criança	–	Fool	Fou	Loco

NAIPES DOS ARCANOS MENORES

Naipe	Variação	Variação	Variação	Inglês	Francês	Espanhol
Ouros	Moedas	Terra	Pentáculo	Pentacles / Earth	Deniers	Oros
Espadas	Gládios	Ar	Lança	Swords / Air	Épées / Pic	Espadas
Copas	Taças	Água	Vasos	Cups / Water	Coupes	Copas
Paus	Bastões	Fogo	Varetas	Wands / Fire	Bâtons	Bastos

CORTE DOS ARCANOS MENORES

Corte	Variação	Variação	Variação	Inglês	Francês	Espanhol
Pajem	Princesa	Criança	Valete	Page / Princess	Valet	Sota
Cavaleiro	Príncipe	Jovem	Sábio	Knight / Prince	Cavalier	Caballero
Rainha	Dama	Mãe	Mulher	Queen	Reine / Dame	Reina
Rei	Cavaleiro	Pai	Homem	King / Knight	Roi	Rey

NUMERAÇÃO DOS ARCANOS MENORES

Números	Variação	Variação	Variação	Inglês	Francês	Espanhol
Ás	Até o momento não houve, espero que ninguém invente moda.			Ace	As	As
Dois				Two	Deux	Dos
Três				Three	Trois	Tres
Quatro				Four	Quatre	Cuatro
Cinco				Five	Cinq	Cinco
Seis				Six	Six	Seis
Sete				Seven	Sept	Siete
Oito				Eigth	Huit	Ocho
Nove				Nine	Neuf	Nueve
Dez				Ten	Dix	Diez

A tabela dos arcanos menores é diferente porque envolve muitos detalhes e também para evitar a repetição de determinados conceitos. Assim a explicação está por partes.

Juntando as três tabelas dos arcanos menores, você terá algumas das diversas nomenclaturas; entretanto, vale lembrar que a maioria dos tarôs atuais estes arcanos contêm imagens em vez de quantitativos de símbolos (uma moeda, duas moedas etc.) Por isso, se torna difícil fazer uma determinação de imagens como nos arcanos maiores. Devemos ter como parâmetro o significado simbólico da carta (a velha e boa regra de sempre!). Por exemplo: o Dois de Copas significa harmonia, namoro, sociedade, união; assim, muitos tarôs mostram imagens de duas pessoas namorando, brindando, assinando contratos ou somente a ilustração de duas taças – volto a enfatizar que cada um terá sua contribuição artística. Vejamos como ficam alguns exemplos da tabela:

- **Pajem de Paus** = Pajem de Bastões, Pajem de Fogo, Pajem de Varetas, Valete de Paus, Valete de Bastões, Valete de Fogo, Valete de Varetas, Criança de Paus, Criança de Fogo, Criança de Varetas, Criança de Bastões, Princesa de Paus, Princesa de Bastões, Princesa de Fogo, Princesa de Varetas; Page of Wands, Page of Fire, Princess of Wands, Princess of Fire, Knight of Wands, Valet des Bâtons, Sota de Bastos.
- **Dois de Copas** = Dois de Taças, Dois de Vasos, Dois de Água; Two of Cups, Deux des Coupes, Dos de Copas.

As estruturas do tarô são formas filosóficas de analisar nossa vida e instrumentos para entender os contextos dos jogos. Estudamos até o momento que cada arcano está relacionado com outro e que todos formam uma grande escala espiritual. Existem outras estruturas simbólicas entre os arcanos maiores, e agora iremos ampliar mais um pouco este conceito. Os arcanos maiores do 1 ao 11 representam a escolha e o livre-arbítrio, os estados alertas e egoístas em relação ao que desejamos, sem, contudo, observarmos a construção da vida interior – denominamos este conjunto de Via Solar. Os arcanos maiores do 12 ao 21, mais o sem número, refletem a necessidade de estruturar corretamente a própria alma e espírito rumo ao seu destino verdadeiro; a tônica é o aprendizado com o meio ambiente – denominamos este conjunto de Via Lunar. Os arcanos da Via Solar representam que tudo pode ser realizado e/ou transformado pela própria vontade, nós nos adaptamos aos eventos e tudo termina sem problemas, tanto pelo aspecto material quanto emocional. Porém, é na Via Lunar que descobrimos nossos limites, obstáculos e problemas e também que aprendemos a valorizar as pessoas, a ampliar nossa luz interior e a resgatar o amor incondicional.

<table>
<tr><td rowspan="6">Arcanos maiores</td><td rowspan="3">VIA SOLAR</td><td>◎ Caminho da Vontade</td><td rowspan="3">Forças do plano consciente</td></tr>
<tr><td>◎ Caminho do Livre-arbítrio</td></tr>
<tr><td>◎ Caminho do Prazer</td></tr>
<tr><td rowspan="3">VIA LUNAR</td><td>☾ Caminho da Dor</td><td rowspan="3">Forças do plano inconsciente</td></tr>
<tr><td>☾ Caminho da Esperança</td></tr>
<tr><td>☾ Caminho da Evolução</td></tr>
</table>

O autoconhecimento se inicia por meio dos degraus evolutivos do arcano 12 ao 16 e, como estudamos, todos se reportam ao aprendizado da libertação das amarras impostas pelo meio ambiente ou por nós mesmos. No arcano 17, a essência pura e cristalina do próprio espírito, liberto do passado e pronto para conhecer a si mesmo, se prepara e abre o espaço para o arcano 18, o estágio final do autoconhecimento: o mundo das sombras. Somente a partir da vivência completa desses degraus, vislumbramos a luz verdadeira do arcano 19, O Sol, retomando a paz e a felicidade na vida. Do arcano 20 ao sem número, seguimos livres e confiantes em nossos projetos, com a certeza de que mais uma etapa do destino foi realizada, que novos rumos surgirão ao longo de nossa jornada espiritual, que estaremos aptos a conhecer um mundo novo e transcendente.

Muitos questionam por que o arcano 18, A Lua, o mundo das SOMBRAS, está posicionado entre a CLAREZA do arcano 17, A Estrela, e a ILUMINAÇÃO do arcano 19, O Sol. O arcano 18 revela o lado escuro (ou obscuro) da vida, as formas sombrias que povoam nossa mente, situações que ocultamos de nós mesmos, *provocando um confronto com a própria realidade*. A sua natureza é sempre dupla: amor/ódio, prazer/dor, alegria/tristeza, fertilidade/putrefação, prosperidade/derrota, paz/terror, conduzindo inevitavelmente à "noite negra da alma". Nesse arcano, tudo depende de nossa consciência e da vontade pessoal em querer equalizar os caminhos do destino; quando vivemos as energias deste arcano, ficamos quase que impossibilitados de observar o nosso verdadeiro caminho, e consequentemente a confusão se instala!

O que fazer?

Primeiramente, nada é o que parece ser, devemos discernir o falso do verdadeiro e o imaginário do real, não devemos acreditar naquilo que achamos ser o melhor – não podemos "achar", temos que ter a certeza, a lucidez da vida e dos fatos, doa a quem doer. Em segundo lugar, devemos dar atenção à nossa intuição e aspiração mais profunda, deixar livres a mente e o coração para que o verdadeiro mundo surja diante de nós – este arcano prenuncia a prosperidade se soubermos controlar nossas ações. Caso não se passe por esta prova final da evolução espiritual, sendo subjugado pela própria alma inferior, planejamento ou emoção do passado, então, retorna-se ao estágio inicial do aprendizado do autoconhecimento no arcano 12, O Pendurado, o ponto de partida no rumo a si mesmo. Assim, novamente iremos enfrentar as forças opostas do destino representadas no arcano 16, A Torre, quantas vezes for necessário para que o aprendizado cármico seja concluído, ou seja, para que o passado se dissolva e o ego se transforme em uma nova personalidade.

Você já deve ter ouvido falar de repetição cármica negativa ou ouvirá um dia; todo padrão autodestrutivo se classifica nesta sequência: 12-18-12, ou seja, nunca se aprende com as experiências pessoais e tudo se repete na vida. Por exemplo: uma pessoa deseja ardentemente se casar, namorou três pessoas e todas elas eram casadas. Bem, talvez ela pense que na vida nada dá certo porque somente consegue parceiros compromissados; mas as escolhas são somente dela, que não aprendeu a esperar, a ser seletiva e a construir seu verdadeiro caminho. Nestes degraus evolutivos, do 12 ao 18, o ego, a vaidade, a futilidade, a vingança, a paixão, a obsessão, o orgulho, a inveja, a hipocrisia, a mentira, a lascívia, o oportunismo DEVEM ser eliminados para que a verdadeira essência luminosa e espiritual floresça e o PORTAL DA LUZ se abra no arcano 19, O Sol!!!

Aprender com as experiências, boas e más, é fundamental para a evolução da vida.

Bem, antes de iniciar os jogos – sei que deve estar ansioso – é importante que saiba de alguns conceitos técnicos e/ou espirituais que envolvem uma abertura. Você deve estar pensando: "Meu Deus, quantos detalhes..." Sinceramente, toda teoria deste curso é de extrema importância para uma boa leitura do tarô – a didática exclusiva da *Academia de Tarô Nei Naiff* surgiu para elucidar os questionamentos mais comuns dos alunos. Tenha paciência para estudar absolutamente tudo que foi indicado, pois tenho certeza de que, além de obter uma excelente base de conhecimento, um dia você retornará a alguma lição para tirar dúvidas.

Sempre observo que o estudante tende a querer abrir um jogo pensando, como já vimos na Aula eletiva 5, que aparecerá uma multimídia esotérica – sinto muito, não vai! Ele se frustra porque não entende nada e começa a dizer que tudo é complicado ou que não tem o dom necessário. Já estudamos também que os jogos de tarô não requerem "dons paranormais", mas sim estudo simbólico e técnico. A *primeira grande falha* que impede um iniciado no tarô de interpretá-lo adequadamente é sua condição mental de querer colocar a interpretação dos arcanos como algo do além, esperando constantemente uma mensagem de entidades espirituais. Se o iniciado tem essa peculiaridade, ele não precisa estudar o tarô, deve assumir sua vidência de outra forma. Isso atrapalha profundamente a interpretação, pois o iniciado não crê em seu potencial espiritual e intelectual e se aliena em algo externo, sem contar o total desgaste energético que sofre por usar três veículos oraculares para análise: os planos das entidades espirituais, sua vidência e os símbolos do tarô. Tenha sempre em mente: é o tarólogo, com sua condição mental e espiritual de conhecimento, quem está lendo os arcanos.

A segunda grande falha é colocar diversos elementos figurativos de expressão espiritual, tais como velas, pirâmides, anjos, faca, copo d'água, flores, frutas, cristais, bonecos, em cima da mesa em que se vai executar um oráculo, acreditando que sem eles o tarô nunca irá funcionar!!! O tarô não pertence a um segmento espiritual específico, pois ele funciona independentemente da crença e até sem ela! Portanto, você poderá utilizar o que desejar: incenso, velas, cristais etc. Mas lembre-se: é uma crença sua! Cuidado com o misticismo, ele só leva a erros. Utilize aquilo em que você crê, tenha fé e, principalmente, conheça o que está usando e saiba para que serve! Não utilize algo somente porque ouviu alguém falar que é "bom" ou viu em algum livro. Não há necessidade de consagrar as cartas, basta comprá-las e jogar! Novamente, temos o aspecto da crença: se você acredita em anjos, reze para eles! Se você acredita em pretos-velhos, ore por eles; se você acredita em Santa Terezinha, faça uma devoção a ela; se você acredita em elementais, invoque-os... E se você não acreditar em nada... não faça nada!

A terceira grande falha é atribuir o mesmo significado ao arcano, não importando o método utilizado ou a questão formulada. As condições interpretativas dos arcanos são infinitas e um método serve para analisar sua simbologia e atributos; portanto, é impossível ter sempre a mesma linguagem.

Dentre as diversas instruções existentes no mercado de como se deve preparar o tarô e o local de leitura, a única que realmente é válida para qualquer credo é a utilização do tecido em cima da mesa por duas preciosas razões: para evitar que as cartas se sujem de poeira rapidamente e para melhorar a visualização dos símbolos. A cor do tecido poderá ser a que mais lhe agradar, porém evite as cores de tonalidades agressivas, muito floridas e ácidas, porque os seus olhos irão ficar cansados.

Outra observação importante: você já ouviu falar que o tarô lê o presente da pessoa, mas já parou para pensar o que é este "presente", "tempo atual"? A qualidade do "presente" numa leitura de tarô não se refere ao dia de hoje ou ao mês em curso, mas sim à qualidade de vivenciar algo enquanto isto durar e for desejado. Por exemplo: "Estou trabalhando há vinte anos numa empresa" o tarô estará falando desses vinte anos e da tendência futura do que foi construído! "Estou casado há dez anos" – o tarô estará falando desses dez anos e da tendência futura do que foi construído!

A qualidade de passado refere-se a aspectos que NÃO existem mais no pensamento do consulente ou são desejados por ele. A qualidade do futuro é algo em que o consulente NÃO acredita, pois não tem acesso emocional a isso, não o vivencia! Então, o tarô estará sempre falando de algo atual na mente, no coração e no mundo físico. Mesmo que o consulente esteja amando alguém que já partiu, odiando um amigo traidor, esbravejando pela demissão, é sinal de que ele ainda SENTE, de que a situação ainda é PRESENTE! Mesmo que ele acredite que no futuro se casará com Maria, passará na prova ou comprará o carro, também é sinal de que sente o seu desejo e crença... Ainda será um aspecto presente, não futuro! Para que existem os arcanos 12, 13, 14, 15, 16? Para falar que o passado ainda reside no mundo presente. Por que esses arcanos solicitam mudança de paradigma? Para esquecer o passado que não existe (mas no qual o consulente insiste) e buscar um novo futuro, uma nova visão, uma nova construção de vida. Então o próprio arcano tem em seu simbolismo, como já estudamos, atributos que revelam se uma situação se encontra com ideias presentes e futuras (1 a 11), com ideias passadas (12 a 16) ou com ideias somente futuras (17 ao 21 + sem número). Contudo, todos estruturados em idéias e desejos presentes.

Conselhos úteis para um bom tarólogo

1) Tente sempre discernir o estudo do tarô (tarologia) de sua prática (taromancia).
2) Tente sempre pensar: "O que o arcano faria em tal situação?" Por exemplo: como o arcano 1, O Mago, compraria um carro? Como o Mago agiria num relacionamento afetivo? Como ele venderia uma casa? Como ele planejaria um desejo? De que forma a Sacerdotisa compraria um carro? Como ela agiria num relacionamento?... E assim por diante. Filosofe! É saudável para o aprendizado.
3) Cuidado para não querer "observar" o começo, o meio e o fim para um único arcano, pois somente o tarô como um todo tem essa qualidade. Um arcano é uma pequena parte do todo: ou será o começo ou será o meio ou será o fim, ele identifica o passo de determinada situação.
4) Respeite a interpretação do arcano, nunca avance em sua simbologia (tarologia) e nos seus atributos (taromancia). Por exemplo: os atributos do arcano 1, O Mago: possibilidade, livre-arbítrio, vontade, expectativa. Portanto, ele não tem a qualidade da realização, do amor, da certeza, da diretriz, da determinação (que pertencem a outros arcanos). Então, o arcano 1 sempre será uma possibilidade que dependerá do consulente, ou seja, se ele não agir na mesma proporção de sua vontade, não conseguirá realizar! Cuidado com a

expresão "Ele *consegue* tudo o que quer..." O correto é: "Ele tem *possibilidade* de realizar o que deseja..."

5) Nem todos os arcanos são cármicos ou destinados, a maioria absoluta dos arcanos expressam a vontade e o livre-arbítrio do homem! Os arcanos cármicos (interferência espiritual, destinação, irreversibilidade) não fazem parte desse curso, mas adiantarei seu conjunto: 8, 10, 14, 16 e 20, dentre os arcanos maiores, mais os arcanos menores de número 8. Os outros arcanos maiores e menores terão sempre como tônica a própria vontade (consciência ou vaidade) humana construindo ou destruindo sua própria vida, buscando o bem ou o mal para si ou terceiros.
6) Não veja o tarô como uma história bonitinha em que tudo acaba bem e da forma como desejamos (isto é coisa de novela!), pois sabemos que nem sempre conquistamos o que desejamos! O tarô deve ser visto como um diagrama real da vida, em que há os augúrios bons e os maus... Preparar e orientar de forma positiva o consulente (ou a nós mesmos) tanto em relação ao bem quanto ao mal é um DEVER do tarólogo.
7) Durante uma consulta, separe o ego da verdade da vida, pois nem sempre as coisas terminam mal porque o destino assim o escreveu... Muitas vezes, somos responsáveis pelo nosso próprio fracasso.
8) A chave durante um jogo está em classificar a pergunta com a manifestação do arcano. Você deve tomar um cuidado extremo para não misturar os ATRIBUTOS de cada plano. Muitas vezes, um arcano é excelente num plano e mal expressado em outro, como o arcano 15, O Diabo, excelente ao nível material, mas muito destrutivo no plano mental e excessivo no plano sentimental.

9) Se a questão é do plano material (ter, elemento Terra – obter, possuir), então se reporte apenas ao plano material do arcano, esqueça o resto!
10) Se a questão é do plano mental (ser, elemento Ar – expressar, planejar), então se reporte apenas ao plano mental do arcano, esqueça o resto!
11) Se a questão é do plano sentimental (estar, elemento Água – desejar, sentir), então se reporte apenas ao plano sentimental do arcano, esqueça o resto!
12) Se a questão é do plano espiritual (ficar, elemento Fogo – evoluir, harmonizar), então se reporte apenas ao plano espiritual do arcano, esqueça o resto!
13) Se a questão é de aconselhamento (comportamento do arcano), então se reporte apenas ao plano orientador, esqueça o resto!
14) Se uma casa se refere ao aspecto negativo do arcano, analise apenas seu significado reverso, esqueça o resto!
15) Nenhum arcano é bom ou mau, positivo ou negativo; a pergunta ou a posição da carta num método é que qualifica os atributos e/ou respostas boas ou más.

AULA ELETIVA 9: CARTAS INVERTIDAS

Em muitas reedições de livros antigos de tarô há referências ao uso das cartas invertidas; mas o que são elas? São as cartas que são abertas de cabeça para baixo no ato da leitura. Isso pode ocorrer por dois motivos: um é pelo jeito de embaralhar, quando as cartas são misturadas de qualquer maneira ou esparramadas sobre a mesa para cima e para baixo em forma circular; a segunda, por distração na escolha e no momento da montagem do método. Assim, para um tarólogo experiente e atento jamais sairia uma carta invertida na hora da montagem, a menos que ele desejasse. *Não conheço um instrutor ou tarólogo eficiente que se utilize das cartas invertidas.* Então, por que são relatadas em tantos livros?

Tudo começou por volta de 1790-1810 com as obras de Etteilla, um vaidoso ocultista parisiense que ensinava o tarô fora dos círculos místicos a qualquer um que desejasse – na época, o ocultismo pertencia somente às sociedades secretas e os jogos de cartas, às mulheres. Praticamente toda Paris fez curso com ele como diversão; afinal, não havia televisão, internet, vídeo, automóveis, cinema, muito menos energia elétrica, e qualquer coisa diferente alegrava todo cidadão francês! Etteilla, movido por seu ego, lançou as técnicas de cartas invertidas em suas obras para identificar quem havia feito o curso diretamente com ele e quem apenas lera seus livros – *foi assim que surgiram as cartas invertidas!* Não há nada de "mágico ou tradicional" nesta técnica... Logo depois, no final do século XIX, a ordem secreta inglesa *Golden Dawn*, fazendo uma romântica e instigante mistura de várias correntes místicas dos séculos anteriores, também adotou este sistema. É inegável que as obras dos dissidentes daquela ordem – Arthur Waite, Paul Case e Aleister Crowley – mexeram com a imaginação da nova geração de tarólogos do século XX, que estava totalmente livre dos dogmas e doutrinas das sociedades secretas tradicionais. Também é incontestável que suas obras – conceito, estrutura, imagens – foram as mais compiladas ou clonadas no século XX sem que nunca se tenha meditado a respeito delas ou avaliado a verdadeira história, prática e símbolos do tarô.

Porém, toda essa literatura antiga não está invalidada, deve ser estudada e entendida apenas em relação aos aspectos reversos do arcano, que poderão ser utilizados nos métodos que contenham uma *casa negativa ou de obstáculo* em sua configuração; contudo, na prática, se ocorrer de uma carta sair invertida num jogo, *desvire-a* e leia de acordo com sua posição no método em relação à pergunta.

Se desejar empregar as cartas invertidas, elas deverão ser compreendidas como conceitos negativos do arcano, o lado oposto, a sombra; mas observe a palavra *negativo* sob a condição de *reversão* e não de *ruim* e a palavra *positivo* como *operante* e não *bom*. Assim, o arcano 16, A Torre, que no aspecto positivo representa a *dissolução*, pois é seu atributo principal, no negativo, simboliza a *construção*, que é sua reversão. Da mesma forma que o arcano 3, A Imperatriz, tem em seu lado positivo o *desenvolvimento* e no negativo, a *estagnação*. Não é difícil entender os aspectos negativos (a reversão) de um arcano quando se conhece bem seus atributos positivos (operantes). Bem, mas como é que fica, então? Na prática, não precisamos empregar as cartas invertidas, e um bom tarólogo não faz uso delas, *pois sabe lidar com a dinâmica entre a pergunta, os símbolos do tarô e sua posição no método.*

Certo dia, um consulente chegou ao meu consultório procurando entender o que lhe havia acontecido, pediu-me uma análise cármica de sua vida e uma orientação do tarô; no meio da consulta, sentindo-se mais à vontade e confiante em minha orientação, contou-me a seguinte história (os nomes são fictícios).

Ele havia conhecido Maria num dia chuvoso, ambos se abrigaram da tempestade na mesma marquise. Quando se olharam, fora como uma faísca elétrica, algo havia surgido dentro deles, do nada. Começaram a conversar, falaram tudo sobre suas vidas em apenas duas horas! Que loucura haviam vivenciado! Trocaram telefones. João, muito místico, achou que ela era alguém muito especial de outras vidas. No dia seguinte, fez uma TVP (Terapia de Vidas Passadas) e descobriu que ela havia sido seu esposo numa vida, irmã gêmea em outra, pai, filha, marido, amigo... foram tantas que ficou fascinado. Começou a ligar para ela, sem, contudo, falar sobre a experiência espiritual. Saíram todos os dias, e a cada dia a relação ficava mais intensa, o amor brotava nos olhos de João e a paixão nos de Maria. Aos poucos, ele começou a revelar seu lado místico e, por acaso, ela também adorava o esoterismo! Bingo! Que maravilha, tudo o que ambos desejavam para si, uma alma gêmea!

João queria ter absoluta certeza de sua experiência com a TVP, então solicitou que Maria fosse fazer uma regressão, esperando que trouxesse as mesmas informações que ele havia obtido. Então, escreveu numa carta tudo que havia vivenciado na terapia, lacrou, solicitando que a abrissem após a consulta dela. Quando Maria chegou ao jardim onde haviam combinado se encontrar, estava radiante pela consulta, mas tensa pelo que poderia estar escrito na carta, por isso ela também resolveu escrever a sua experiência para que não houvesse dúvida alguma. Quando ambos abriram e leram as cartas ficaram extasiados, era a mesma história com todas as vírgulas e pontos! "Vamos nos casar agora e sermos felizes!" Ambos estavam noivos e comprometidos seriamente com outras pessoas, mas a intensidade emocional, a verdade contida em seus corações, as experiências espirituais obtidas na TVP foram muito mais fortes. Assim, eles terminaram por largar tudo e foram viver juntos para sempre. "Dane-se o mundo, queremos ser felizes!" Procuraram astrólogos (descobriram uma sinastria perfeita!), tarólogos (arcanos maravilhosos para a relação!), numerólogos (números e pináculos fantásticos em suas vidas!), todos confirmaram a ação cármica que envolvia essas duas criaturas encarnadas neste planeta de purificação espiritual. Enfim, as almas gêmeas se encontraram!

Logo nos primeiros meses de relacionamento, começaram a cobrar um do outro os valores contidos nas vidas passadas e os fornecidos nas consultas esotéricas: *a palavra, a honra, a honestidade, o afeto, a amizade, o compromisso.* O tempo foi passando e nada de esses valores se concretizarem, a não ser a intensidade sexual, a possessividade e o ciúme. O medo de perderem aquilo que julgavam ser um relacionamento perfeito era insuportável e angustiante; afinal, não é todo dia que se encontra uma alma gêmea ou pessoas de outras vidas para compartilhar a rotina. Em exatos seis meses de convivência, Maria sugeriu a separação, para desespero de João. Ele não aceitou, chorou, bateu o pé. Ambos juraram que se entenderiam e fizeram mais algumas promessas de eterno amor. Seis meses depois, era a vez de João pedir a separação. Ela jurou amor incondicional, chorou, bateu o pé. Ambos juraram que se entenderiam e fizeram mais algumas promessas de eterno amor. Continuaram. Brigaram mais ainda. O orgulho e o medo falaram mais alto, continuaram se arrastando, se lamentando, até não dar mais. Em dois anos estavam se odiando, se amaldiçoando, e com muito rancor cobravam o dito relacionamento de outras vidas e a harmonia espiritual das almas gêmeas. No terceiro ano, se divorciaram em absoluto litígio, ficando mais três anos nos tribunais se digladiando, dividindo até os talheres da cozinha, e jurando vinganças mútuas. Hoje, moram em cidades diferentes para não terem a mínima possibilidade de saberem um do outro. Não se odeiam mais, mas também querem esquecer tudo que houve, o que trocaram, o que deixaram para trás. Maria tornou-se evangélica, mas João ainda acredita em TVP, astrologia, tarô e numerologia e tenta identificar o seu grande erro fatal.

Um dos aspectos principais ao se analisar uma vida passada (seja nesta encarnação ou em outra) é vê-la como uma vida passada e nunca como uma vida presente. Temos emoções, sensações e experiências acumuladas, mas não são mais as mesmas situações, pessoas e fatos. Não podemos nos esquecer que vivências passadas não são lineares com experiências progressivas ou com as mesmas pessoas. Posso ter sido uma pessoa maravilhosa em outra vida e ser terrível na atual. Posso ter tido uma alma nobre numa determinada encarnação, vil em outra e espiritual nesta. Todo processo de encarnação e carma está relacionado com as experiências faltantes, com os laços que precisam ser desatados, sem, contudo, precisarem ser vivenciados novamente. No caso de João e Maria, ambos se esqueceram que tinham outras experiências de vidas anteriores que faziam parte de seus seres atuais, e, querendo viver somente aquilo que existiu, em particular, com um com o outro, esqueceram-se do que tinham que desenvolver com seu plano divino nesta existência atual. O problema não é viver com as pessoas do passado, mas, sim, reviver as experiências passadas – isto é abominável e involutivo. Poderemos muitas vezes nos encontrar com nossa "outra" parte, mas não raro estaremos em experiências terrenas diferentes.

Portanto, devemos aprender a aceitar o que somos e não o que queremos ser, vivenciar com as pessoas o que elas são e não o que queremos que elas sejam. A finalidade de uma consulta de tarô, astrologia, numerologia, quirologia ou regressão de memória é fornecer ao indivíduo o conhecimento de sua missão espiritual e do aprendizado pessoal nesta atual encarnação, prover subsídios para o melhor entendimento de sua personalidade e aspirações pessoais, bem como sobre o compromisso com as pessoas que o cercam. Saber se vai vender o carro, comprar a casa, melhorar no emprego, unir-se com o grande amor é importante – o tarô responde com maestria; entretanto, o mais importante, e o que deveria estar em condição primeira, é a "orientação" das situações. Devo vender o carro, comprar a casa, casar? O que devo fazer em minha profissão? Quais os conselhos para o namoro? – o tarô sempre aconselha, também, com perfeição!

Enfim, minha velha e famosa frase: *O autoconhecimento é a única evolução!*

É importante notar que astrólogos, numerólogos, tarólogos, alquimistas nunca foram perseguidos ou queimados vivos durante a Inquisição nos seus seiscentos anos de escuridão espiritual. Não éramos considerados "bruxos" como se apregoa, não éramos estigmatizados pela sociedade europeia; ninguém foi torturado por praticar tais atos, quem afirma isso desconhece a História. Na realidade, deve-se observar o seguinte: durante a Idade Média e a Renascença, a alquimia e a astrologia eram partes integrantes da sociedade, a tal ponto que Santo Alberto Magno e Santo Tomás de Aquino, por volta de 1250, as colocaram como disciplinas acadêmicas em toda a Europa, e assim permaneceram durante séculos. A medicina hermética e hipocrática – hoje no jargão da medicina holística e vibracional – eram amplamente aceitas desde o início da Era Cristã, afinal só existiam elas. Os maiores médicos de que se têm notícia, e que tinham inúmeros seguidores, foram Hipócrates (500 a.C.), Galeno (200 d.C.), Paracelso (1520) e Nicholas Culpeper (1630); todos utilizaram as ervas e minerais numa relação direta com astrologia, alquimia e hermetismo. Todos os tratados herméticos revelam origens e conceitos estoicos,[1] septuagintas[2] e coptas,[3] totalmente pagãos em relação ao cristianismo atual, sem apor a própria linguagem alquímica. Da mesma forma, suas pranchas de execução (quadros simbólicos da Grande Obra) são completa e visi-

[1]Filosofia de Zenão de Cicio.

[2]Tradução grega da Bíblia hebraica.

[3]Cultura egípcia sob dominação romana e cristã.

velmente anticristãs para os dogmas da época. Papa Silvestre III, Papa Clemente V, Santo Alberto Magno, Santo Tomás de Aquino, Roger Bacon, Abade John Kremer, Nicolas Flamel, entre tantas outras figuras históricas desse período, desenvolveram suas obras e estudos alquímicos e mesmo assim permaneceram livres da propalada fogueira. Um fato interessante é que esses conhecimentos foram todos destruídos pelos homens da ciência na Era do Iluminismo (século XVIII) e não pelos homens católicos apostólicos romanos.

Na Inquisição, mais tarde rebatizada de Congregação do Santo Ofício (julgamentos do credo incondicional na Igreja realizados de 1231 a 1834), foram consideradas hereges todas as pessoas que não aceitavam ou proferiam os dogmas da Igreja Católica Apostólica Romana, tais como: *Cristo é o salvador, Deus é onisciente, o Papa é o senhor absoluto, o homem foi criado do barro, a Terra é o centro do universo, o dízimo é uma indulgência.* Assim, todas as outras religiões e culturas eram satânicas – islamismo, judaísmo, hinduísmo, taoísmo. Segundo estimativas oficiais, nove milhões de pessoas foram julgadas e condenadas à morte na fogueira, por afogamentos ou por linchamento, e este cálculo oficial não inclui o número de mortos durante a Guerra Santa (retomada de Jerusalém, de 1096 a 1270). Um fato curioso sobre os réus: 75% eram mulheres viúvas com mais de cinquenta anos; 15%, homens viúvos de qualquer idade; 10%, crianças (todos filhos de pessoas já condenadas), e 5% indefinidos e de outras religiões – em todos os processos, eles eram acusados de práticas sexuais com satã ou de lascívia bestial. Detalhe: quem acusava poderia receber 25% das propriedades do réu caso fosse comprovado o *conjunctus* com o demônio, o restante iria para a Igreja, caso não houvesse herdeiros.

Raríssimas vezes pessoas importantes foram julgadas pela Inquisição, e estas, em sua maioria absoluta, eram pessoas de estirpes não agregadas ao clero e à sociedade local. Podemos afirmar que os mais nobres foram queimados vivos por NÃO aceitarem os dogmas católicos, mas NUNCA por praticarem as artes ditas esotéricas, como Cecco D'Ascolli (1327, astrólogo) e Giordano Bruno (1600, alquímico, astrólogo). Galileu Galilei (1664, cientista, alquímico, astrólogo) não foi queimado, porém recebeu excomunhão por retratar suas teorias científicas. Todos eles diziam que o sistema planetário era heliocêntrico, numa afirmação contrária aos dogmas da Igreja que o classificava como geocêntrico. Todas as vítimas defendiam um ponto que abalava os dogmas católicos ou o poder monárquico francês ou espanhol. Quer mais? Inúmeros livros e tratados sobre astrologia, numerologia, alquimia, hermetismo e rituais de magia cabalística foram manuscritos por figuras altamente idôneas e respeitadas pela sociedade europeia, como o são até hoje por nós, e também foram altamente consumidos por todos na época, como acontece hoje. Nas discussões sobre os pontos de vista teológicos só não se aceitavam filosofias e análises de necromancia (adivinhação da data da morte, magia negra e/ou culto aos mortos), o resto: *voilá*! São tantos os autores que seria impossível enumerá-los. Todas as igrejas europeias construídas entre os séculos XI e XVI têm em seus por-

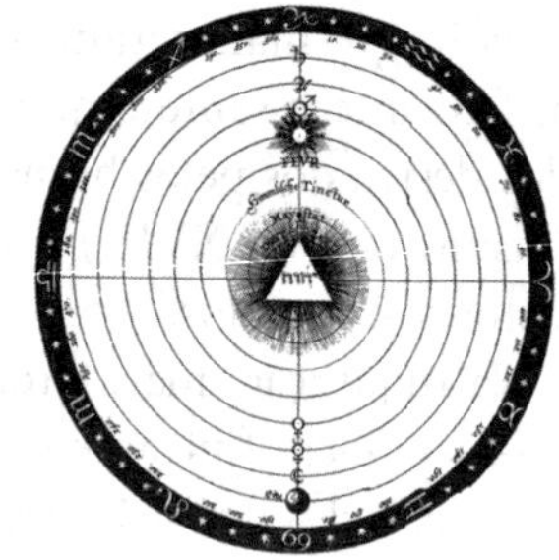
"A roda divina, Jacob Boehme, 1682".

tais de entrada ou nos vitrais interiores os símbolos astrológicos e alquímicos, neoplatônicos, gnósticos e até maçônicos. O zodíaco em volta de Cristo: representação artística comum em todas(!) as catedrais católicas da Idade Média e da Renascença.

Temos que entender que esoterismo não é religião e muito menos uma seita, mas, sim, a área que estuda os conceitos divinos, humanos e universais, colocando CONSCIÊNCIA E DIRETRIZ no mundo ontológico, metafísico e logosófico. O esoterismo serve ao autoconhecimento e não a devoções e cultos; para tal, existem religiões e fraternidades. Antigamente, essa premissa era muito mais compreendida que hoje, talvez por isso fôssemos mais aceitos no seio social e religioso. Os esotéricos começaram a perder seu poder de aceitação em todas as castas sociais europeias apenas na Era do Iluminismo (idade da razão absoluta), por volta de 1700, quando fomos relegados ao misticismo e à superstição pelos cientistas e filósofos cartesianos. Finalmente, rompeu-se a relação RELIGIÃO-CIÊNCIA, com o surgimento de uma casta cada vez maior de pessoas que negavam a existência de Deus e buscavam a supremacia do homem. Afinal, isso era natural após séculos de dogmatismo e opressão político-religiosa! De qualquer forma, nós, esotéricos, sempre ficamos longe da lama negra da Inquisição e soubemos, mais uma vez, no curso da História, compreender com o amor universal a evolução planetária.

Hoje dizem que somos bruxos e que se existisse a Inquisição, seríamos queimados vivos. Bem, hoje os tempos são outros: a Igreja condena a astrologia, o tarô e tudo que se refere ao esoterismo porque ela não quer ocupar um lugar "místico e supersticioso" – de que outrora ela se fartou –, pretendendo ser unicamente uma religião. Que assim seja, amém.

Gabarito das avaliações

Querido(a) aluno(a),

Somente leia o gabarito depois de ter respondido a avaliação correspondente, seja seu próprio mestre e obrigue-se a ser o melhor tarólogo.

Se você seguir todos os passos solicitados, sem antecipar ou adiar nenhuma lição, pesquisa ou aula eletiva, tenho a absoluta certeza de que entenderá e absorverá toda a estrutura do tarô. Assim, saberá responder com maestria qualquer questão.

A função desta obra é ensinar o que há de mais atual sobre o pensamento do tarô e prepará-lo para continuar seus estudos, ler e utilizar qualquer tipo de cartas.

Desejo todo sucesso em sua vida.

Nei Naiff

Avaliação 1 – Lições 1, 2 e 3

1	2	3	4	5	6	7	8	9	10	11	12	13	14	15	16	17	18
D	B	C	A	C	D	D	C	C	B	C	C	C	C	A/2 B/3 C/1 D/4	C	B	C

Avaliação 2 – Lições 4 e 5

1	2	3	4	5	6	7	8	9	10	11	12	13	14	15	16	17	18
B	C	B	C	A	C	D	C	C	C	C	A/1 B/3 C/4 D/2	D	B	D	B	A	B

Avaliação 3 – Lições 6 e 7

1	2	3	4	5	6	7	8	9	10	11	12	13	14	15	16	17	18
B	D	C	D	B	D	C	B	C	A/5 B/2 C/4 D/3 E/6 F/1	B	C	D	B	D	A	A/3 B/6 C/1 D/4 E/5 F/2	D

Avaliação 4 – Lições 8 e 9

1	2	3	4	5	6	7	8	9	10	11	12	13	14	15	16	17	18
B	D	C	A/5 B/4 C/1 D/3 E/2	D	D	A/3 B/1 C/4 D/5 E/2	A	C	B	A	D	C	D	C	B	D	B

Avaliação 5 – Lições 10 e 11

1	2	3	4	5	6	7	8	9	10	11	12	13	14	15	16	17	18
C	B	C	C	D	A/3 B/5 C/1 D/6 E/2 F/4	A	C	B	C	A	D	D	D	B	C	B	A/2 B/3 C/4 D/1 E/5

Avaliação 6 – Lições 12 e 13

1	2	3	4	5	6	7	8	9	10	11	12	13	14	15	16	17	18
C	D	D	B	D	A	C	B	B	C	B	C	A	C	D	C	D	A/2 B/1 C/5 D/4 E/3

Avaliação 7 – Lições 14, 15 e 16

1	2	3	4	5	6	7	8	9	10	11	12	13	14	15	16
A	C	B	A	B	C	A	C	A	C	C	B	C	C	B	B

Avaliação 8 – Lições 17, 18 e 19

1	2	3	4	5	6	7	8	9	10	11	12	13	14	15	16	17
A	C	B	A	D	D	A	A/2	C	D	C	D	D	B	D	A/1	A/3
							B/1								B/2	B/2
							C/6								C/4	C/4
							D/3								D/5	D/1
							E/7								E/6	
							F/5								F/7	
							G/4								G/3	

Avaliação 9 – Lições 20 e 21

1	2	3	4	5	6	7	8	9	10	11	12	13	14	15	16
A/3	D	B	B	D	A/1	A	C	A/1	A	B	D	A	C	A	D
B/4					B/2			B/4							
C/7					C/3			C/3							
D/1					D/4			D/2							
E/8					E/5			E/5							
F/6					F/6			F/6							
G/2															
H/5															

Avaliação 10 – Lições 22, 23, 24 e 25

1	2	3	4	5	6	7	8	9	10	11	12	13	14	15	16
A	B	B	B	A	D	D	A	A	B	C	B	B	B	C	A

Créditos

O **Tarô Clássico** apresentado neste livro foi ilustrado por Thais de Linhares, sob orientação de Nei Naiff. As cartas são utilizadas para compor a didática das Lições 3 a 25. A estrutura dos 78 arcanos se baseia nos tarôs tradicionais que deram origem a todos os tarôs modernos, transculturais e surrealistas (observe as explicações simbólicas para cada arcano oferecidas ao longo das lições). Sua ornamentação foi inspirada nos antigos tarôs produzidos na Europa entre os séculos XVI e XIX (ver relação nas páginas de 229 a 230). Apesar de se basear nos tarôs antigos ou clássicos, o autor tomou alguma liberdade estética para melhor elucidação didática e facilidade no momento da consulta, como por exemplo as *cores de fundo* das cartas.

Nos arcanos maiores, para compor o Caminho da Vontade (arcanos 1, 2, 3, 4, 5) foram utilizados o *amarelo* e seus matizes, que simbolizam o pensamento, a ação e a expressão. No Caminho do Livre-Arbítrio (arcano 6) foi empregada a cor *carmim* e seus matizes, que representam a busca da felicidade e da harmonia com o meio ambiente. No Caminho do Prazer (arcanos 7, 8, 9, 10, 11) usou-se a cor *verde* e seus matizes, que expressam as realizações e o controle sobre os percalços da vida terrena. No Caminho da Dor (arcanos 12, 13, 14, 15, 16) temos a cor *cinza* e seus matizes, que evocam a angústia e o sofrimento pelos desejos não realizados a contento. No Caminho da Esperança (arcano 17) figuram o *azul* e seus matizes, que exprimem a fé, a paz interior e a esperança numa nova fase. No Caminho da Evolução (arcanos 18, 19, 20, 21), a cor *violeta* e seus matizes, que significam a transcendência da vida e a busca da prosperidade. Ainda nesse caminho, o arcano Sem Número possui duas cores: *violeta* e *amarelo*. Isto se faz necessário porque a carta do Louco é o elo entre o passado e o futuro, a busca de um novo ciclo de vida.

Os arcanos menores (corte e numerados) tiveram suas cores de fundo escolhidas de acordo com os antigos textos tradicionais dos quatro elementos. O *verde* representa o elemento Terra (plano material, poder) que se manifesta no naipe de Ouros; o *amarelo* simboliza o elemento Ar (plano mental, expressão) que se projeta no naipe de Espadas; o *azul* significa o elemento Água (plano sentimental, desejos) que se expressa no naipe de Copas; o *vermelho* evoca o elemento Fogo (plano espiritual, transcendência) que se aplica ao naipe de Paus.

No dorso das cartas encontramos o símbolo da lua e da estrela de oito pontas, que evoca o poder da renovação da vida e a esperança de um ciclo próspero. Afinal, buscamos o tarô para orientar nossos caminhos e nada melhor que as respostas sempre sejam de boa sorte!

Cartas para montar

Plano de estudo do livro Curso completo de Tarô

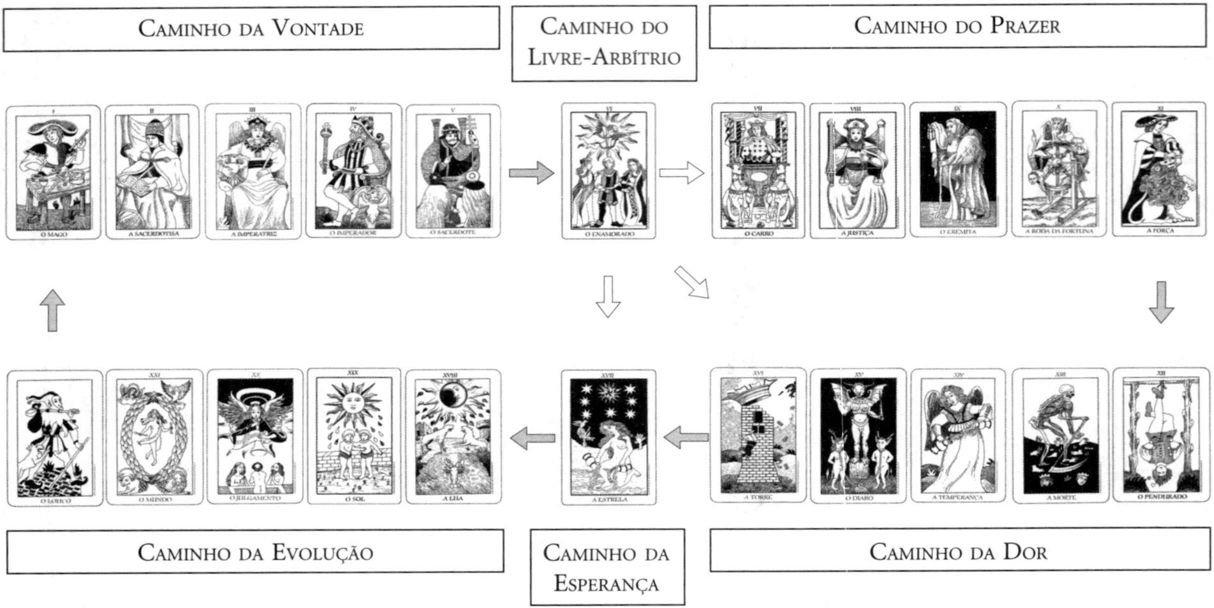

I

O MAGO

II

A SACERDOTISA

III

A IMPERATRIZ

IV

O IMPERADOR

V
O SACERDOTE

VI
O ENAMORADO

VII
O CARRO

VIII
A JUSTIÇA

IX

O EREMITA

X

A RODA DA FORTUNA

XI

A FORÇA

XII

O PENDURADO

XIII
A MORTE

XIV
A TEMPERANÇA

XV
O DIABO

XVI
A TORRE

XVII
A ESTRELA

XVIII
A LUA

XIX
O SOL

XX
O JULGAMENTO

ARCANOS MAIORES:

22 CARTAS: O Mago, A Sacerdotisa, A Imperatriz, O Imperador, O Sacerdote, O Enamorado, O Carro, A Justiça, O Eremita, A Roda da Fortuna, A Força, O Pendurado, A Morte, A Temperança, O Diabo, A Torre, A Estrela, A Lua, O Sol, O Julgamento, O Mundo e O Louco.

ARCANOS MENORES:

56 CARTAS: Pajem de Ouros, Cavaleiro de Ouros, Rainha de Ouros, Rei de Ouros, Ás de Ouros, Dois de Ouros, Três de Ouros, Quatro de Ouros, Cinco de Ouros, Seis de Ouros, Sete de Ouros, Oito de Ouros, Nove de Ouros, Dez de Ouros, Pajem de Espadas, Cavaleiro de Espadas, Rainha de Espadas, Rei de Espadas, Ás de Espadas, Dois de Espadas, Três de Espadas, Quatro de Espadas, Cinco de Espadas, Seis de Espadas, Sete de Espadas, Oito de Espadas, Nove de Espadas, Dez de Espadas, Pajem de Copas, Cavaleiro de Copas, Rainha de Copas, Rei de Copas, Ás de Copas, Dois de Copas, Três de Copas, Quatro de Copas, Cinco de Copas, Seis de Copas, Sete de Copas, Oito de Copas, Nove de Copas, Dez de Copas, Pajem de Paus, Cavaleiro de Paus, Rainha de Paus, Rei de Paus, Ás de Paus, Dois de Paus, Três de Paus, Quatro de Paus, Cinco de Paus, Seis de Paus, Sete de Paus, Oito de Paus, Nove de Paus, Dez de Paus.

PAJEM DE OUROS

CAVALEIRO DE OUROS

RAINHA DE OUROS

REI DE OUROS

ÁS

II

III

IV

V

VI

VII

VIII

IX

X

PAJEM DE ESPADAS

CAVALEIRO DE ESPADAS

RAINHA DE ESPADAS

REI DE ESPADAS

ÁS

II

III

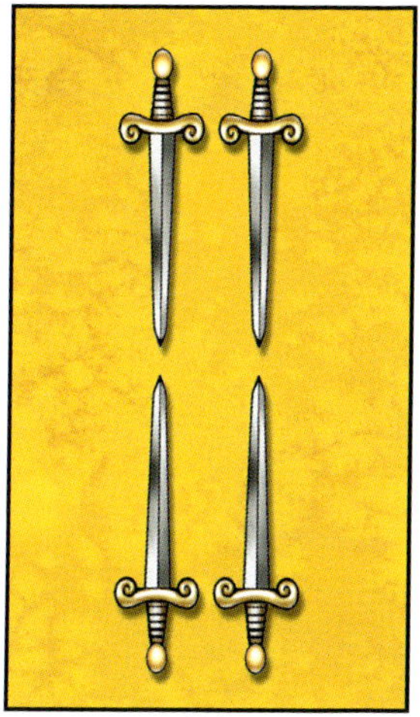

IV

V

VI

VII

VIII

IX

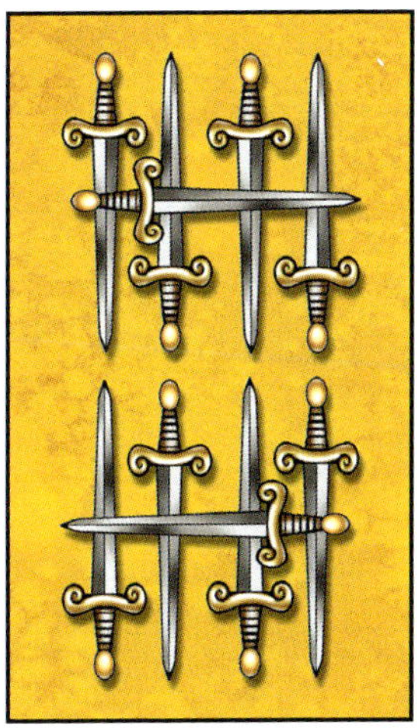

X

PAJEM DE COPAS

CAVALEIRO DE COPAS

RAINHA DE COPAS

REI DE COPAS

ÁS

II

III

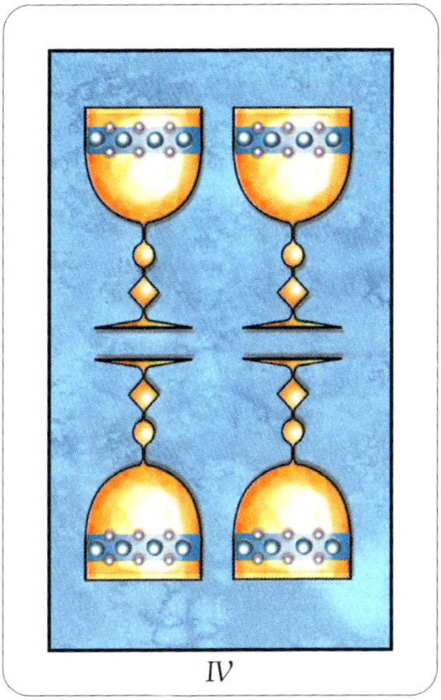
IV

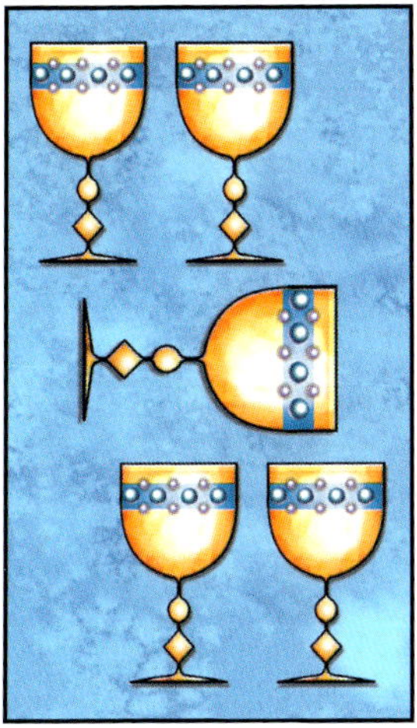

V

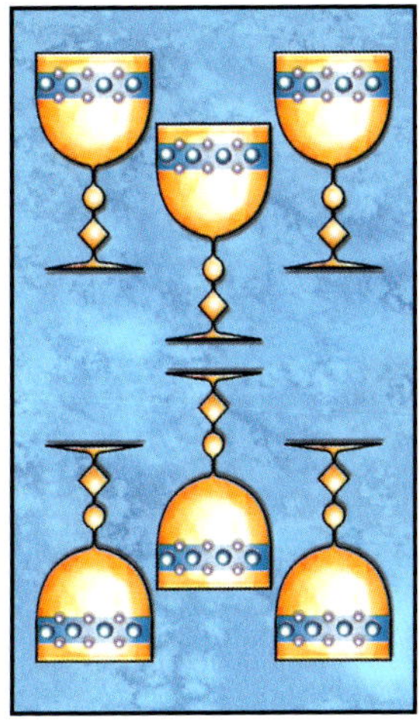

VI

VII

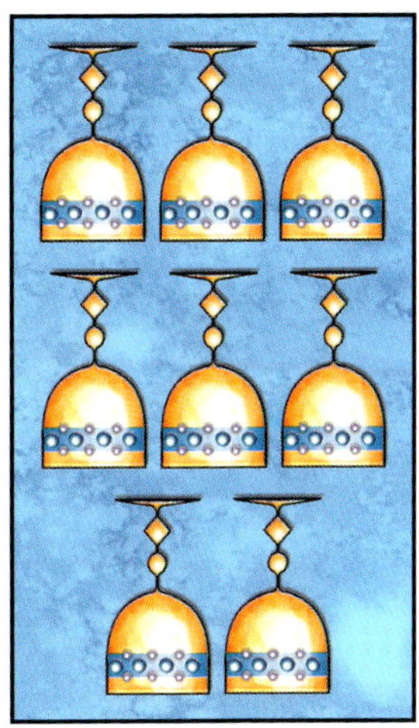

VIII

IX

X

PAJEM DE PAUS

CAVALEIRO DE PAUS

RAINHA DE PAUS

REI DE PAUS

ÁS

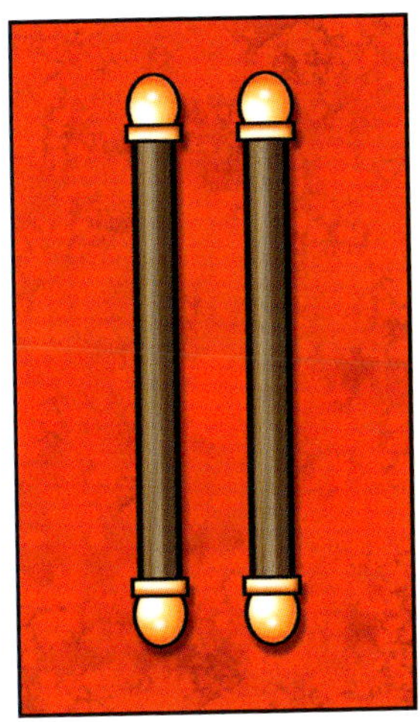

II

III

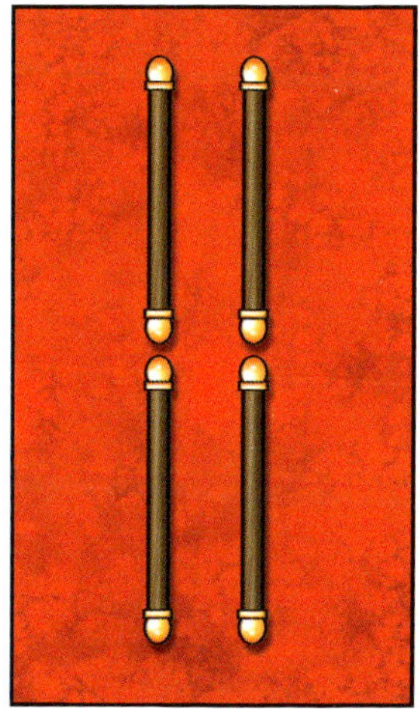

IV

V

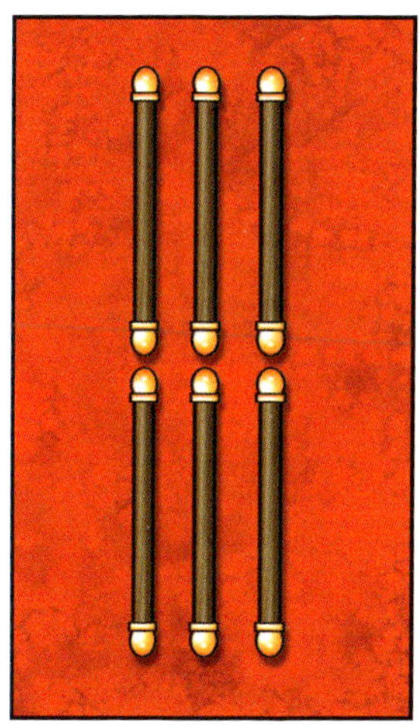

VI